© Pulp Edições, 2015

Projeto editorial: Pulp Edições e Patricia Papp
Pesquisa e texto: Patricia Papp
Edição: Vicente Frare e Fernanda Ávila
Serviços: Dyonne Baptista Leite
Revisão: Tânia Growoski
Projeto gráfico e diagramação: Patricia Papp
Ilustrações: Cristina Alhadeff www.crisalhadeff.com
Fotos: Patricia Papp, Nuno Papp, Claudio Ruaro, Alexandra Aranovich, Liliane Inglez e outras devidamente creditadas
tratamento: Guto Weçoski

Todos os esforços foram feitos para que este guia estivesse o mais atualizado possível no momento de sua impressão, em novembro de 2015. Nem a editora, nem a autora, se responsabilizam por quaisquer informações que possam ter sofrido alterações desde então. Caso encontre discrepâncias ou problemas com seu guia, agradeceríamos ser informados através do e-mail livros@pulpedicoes.com.br

Acesse também www.viajocomfilhos.com.br para updates e posts sobre vários destinos bacanas para ir com seus filhos.

Dados Internacionais de Catalogação na Publicação (CIP)
Bibliotecária responsável: Maria Inês Meinberg Perecin – CRB 8/5598

P 217p	Papp, Patricia
	Praias do Nordeste com crianças. Patricia Papp. Curitiba:Pulp Edições, 2015.
	256p:il:color (Coleção Crianças a Bordo)
	ISBN 978.85-63144-54-6
	1.Praias-Brasil-Nordeste I Título II. Série
CDD 981.1	

[2015]
Todos os direitos reservados
PULP EDIÇÕES LTDA.
Rua Mamoré, 993
80810-080 - Curitiba - Brasil
Tel.: +55 (41) 3308-4097
www.pulpedicoes.com.br

PATRICIA PAPP

PRAIAS DO NORDESTE
com crianças

COLEÇÃO CRIANÇAS A BORDO

PULP EDIÇÕES

Aos apaixonados pelo litoral do Brasil

Minhas praias
DO NORDESTE
COM CRIANÇAS

Sou apaixonada pelo litoral do Nordeste do Brasil. Posso passar horas embaixo daqueles coqueiros, olhando para o mar com tons que variam entre o esverdeado e o azulado, vendo meus filhos brincar na areia. Adoro o contato com a natureza e a tranquilidade de estar com a família sem pressa, sem compromissos e sem rotina, que desfrutamos quando vamos para lá.

Acho tudo perfeito, inclusive a temperatura da água do mar e a brisa suave que tem sempre na beira da praia, deixando o clima bem agradável o ano todo.

Minhas primeiras viagens ao Nordeste foram de carro, quando eu ainda era criança. Viagens que duravam um mês inteiro com toda a família. Atravessamos a Bahia, depois Sergipe, Alagoas e Pernambuco, conhecendo dezenas de praias. Muitas com pouquíssima infraestrutura, mas que ficaram marcadas na minha memória.

A primeira viagem do Pedro, meu filho mais velho, foi para a Praia do Toque, um pequeno paraíso no litoral de Alagoas, quando ele tinha apenas 3 meses. Quando minha filha Luiza nasceu, repetimos o batismo, para dar sorte. Desde então, todos os anos, reservamos um tempinho para descobrir mais um pedacinho do litoral. Nessas viagens procuro conhecer sempre uma praia nova, descobrir restaurantes, novidades, dunas, falésias, piscinas naturais. E nas capitais, tento deixar um tempinho para conhecer o centro histórico, museus, um aquário ou qualquer atração que ache bacana mostrar para eles.

Não conheço todas as praias de todos os estados, mas posso dizer que desvendei boa parte do litoral. Entendi o estilo das praias, das pousadas e hotéis. Há um Nordeste para cada estilo de família (e também de orçamento). Sim, é possível viajar para o Nordeste sem gastar muito. Assim como também é possível aproveitar todo o conforto de um resort internacional.

Espero que este guia inspire viagens incríveis e descobertas nessas praias que tanto amo.

Península de Maraú, Bahia

COMO USAR
~ este guia ~

LEGENDAS DOS HOTÉIS

 CAFÉ DA MANHÃ

 MEIA PENSÃO

 ALL INCLUSIVE

 RECREAÇÃO

 COPA BABY

 PARQUE AQUÁTICO

Dunas de Piaçabuçu, Alagoas

Neste guia organizei minhas dicas das praias, dos restaurantes e dos cantinhos que conheci. Acho o Nordeste incrível e faltariam páginas para enumerar todas as piscinas naturais, todas as pousadas e todos os encantos do litoral. Por isto, este não é um livro com todas as praias e todos os hotéis, mas sim um guia com dicas selecionadas para quem quer fazer viagens deliciosas com a família.

Descrevi com mais detalhes os lugares que eu conheço melhor. Para deixar o conteúdo mais rico, convidei experts para darem suas dicas também. Concentrei-me nas praias nordestinas que não ficam nas capitais, pois como elas têm muitos hotéis, restaurantes e atrações, seria necessário um guia para cada uma delas. Encarei estas grandes cidades apenas como passagem para as praias do litoral de cada estado.

Este é um guia escrito para quem, como eu, não se cansa de conhecer mais e mais lugares e que, a cada viagem, descobre que ainda falta muito para visitar. Para quem acredita que vai encontrar uma pousadinha econômica e charmosa em uma praia paradisíaca ou um resort supercompleto para descansar. Um guia com dicas para ajudar na hora de planejar e montar uma viagem inesquecível.

INTRODUÇÃO	**14**
BAHIA	**24**
SERGIPE	**76**
ALAGOAS	**90**
PERNAMBUCO	**116**
PARAÍBA	**146**
RIO GRANDE DO NORTE	**162**
CEARÁ	**184**
PIAUÍ	**214**
MARANHÃO	**226**
ÍNDICE HOTÉIS/RESTAURANTES	**244**

Mapa do litoral do Nordeste

QUANDO IR?

As temperaturas no Nordeste são agradáveis durante o ano todo. No verão, a brisa do mar deixa as temperaturas bem amenas. Longe da praia, faz mais calor. Verifique se os quartos do hotel ou pousada são arejados e se têm ventilador ou ar-condicionado. Entre abril e julho chove mais do que no segundo semestre.

FUSO-HORÁRIO

Não há horário de verão nos estados do Nordeste, por isso preste muita atenção nos horários dos voos. Outra diferença é que amanhece bem mais cedo, mas escurece antes também. Sete horas da noite já é bem escuro na maioria das praias.

ALTA TEMPORADA

Na alta temporada (feriados, férias escolares, Carnaval, Natal, Réveillon), vilas que têm centenas de habitantes passam a ter milhares de visitantes. As mais isoladas, quase sempre as mais paradisíacas, muitas vezes não têm estrutura para tanta gente ao mesmo tempo e alguns problemas, como lixo, falta de água ou de energia, podem aparecer. Donos de pousadas e hotéis têm investido em geradores, em infraestrutura, e participam de associações para tentar resolver estas questões. Ainda assim, muitas vezes, podem acontecer alguns probleminhas, que devem ser encarados com praticidade e bom humor.

CASH

Em algumas praias pequenas ou mais isoladas, restaurantes, bares e lojinhas não aceitam cartão de crédito ou cheque, e os bancos eletrônicos são raros. Para estes destinos é importante levar dinheiro vivo (cash).

Praia do Forte, Bahia

CARIBE BRASILEIRO

A cor do mar do Nordeste muitas vezes é comparada com a cor da água do Caribe. Talvez em muitas praias o tom seja realmente muito próximo, mas são destinos completamente diferentes em muitos aspectos. Para mim, um dos grandes encantos de viajar para o Nordeste é entrar em contato com outras culturas dentro do nosso próprio país, outros sabores, outros sotaques e outros costumes.

CORAIS E RECIFES

Uma das grandes atrações das praias para as crianças são as piscinas naturais formadas na maré baixa, onde elas podem ver peixinhos e brincar. As marés mudam todos os dias, e algumas praias chegam a ter ondas e mudam muito seu visual quando a maré está cheia. Nos hotéis e nas pousadas é possível se informar sobre a tábua das marés. Ela vai determinar o horário dos mergulhos, da ida à praia e de muitos passeios. Quem não tem máscara de mergulho pode alugar. Geralmente as jangadas (como são chamadas as lanchas abertas) disponibilizam o equipamento para observação dos corais. Há muitos pontos de mergulho submerso ao longo do litoral, e geralmente as escolas de mergulho ficam no centrinho das vilas. Em algumas praias, o local de mergulho é muito próximo da costa e nem é preciso ir de barco.

POUSADA "PÉ NA AREIA"

Quem gosta de acordar e logo sentir a areia no pé, ama este estilo de pousada. Muitas delas nem estão nos sites de reservas (algumas não têm nem site). Nestes casos vale a dica de quem foi. O atendimento é sempre muito pessoal, os pedidos especiais como sopinhas e chazinhos são atendidos. Para saber se a pousada que você está pesquisando é mesmo charmosa, além de olhar as fotos, não deixe de ligar ou mandar um e-mail para tirar as dúvidas sobre a localização, as instalações, bercinhos e refeições.

FIQUE ATENTA!

1. Cuidado com o barulho: na alta temporada muitos barzinhos podem ter música alta e movimento até tarde. Não é o ideal para quem está viajando em família.

2. Certifique-se da distância até a praia.

3. Pergunte sobre a disponibilidade de banheiras, berços, camas extras e ar-condicionado.

4. Informe-se se há restaurantes no hotel ou próximos a ele.

5. Se estiver sem carro, informe-se sobre transfers ou a melhor maneira de chegar ao hotel.

RESORTS

Os resorts são um dos grandes atrativos do litoral e estão presentes em quase todos os estados. Os mais completos têm recreação para todas as idades, várias piscinas, refeições incluídas na diária e muitas atividades para famílias. Alguns deles incluem comidas e bebidas na tarifa, mas varia muito de um hotel para o outro. As atividades de recreação e as idades mínimas para as crianças participarem também variam de hotel para hotel.

Para entender os resorts

All inclusive: todas as refeições e lanches estão incluídas na diária, geralmente as bebidas também.

Pensão completa: café da manhã, almoço e jantar. Geralmente bebidas alcoólicas são pagas à parte.

Meia pensão: café da manhã e uma das refeições (almoço ou jantar).

Kids Club: local onde a equipe de recreação se concentra. Algumas atividades podem ser realizadas ali mesmo. Em alguns locais há brinquedos, playgrounds e até berços.

Copa Baby: pequena cozinha com equipamentos que ajudam a preparar sopinhas, esquentar mamadeiras, além de ter frutas e/ou papinhas.

ALUGUEL DE CASA

Uma boa alternativa para hotéis e resorts é alugar uma casa. É uma ótima opção para grupos grandes ou família com vários filhos. Há muitas casas disponíveis em condomínios com boa estrutura, incluindo piscina e playground. Antes de fechar não deixe de falar com o proprietário e tirar todas as dúvidas sobre a estrutura da casa, os utensílios disponíveis (pratos, panelas, lençóis, toalhas), sobre a limpeza (muitos oferecem limpeza diária) e a localização. Procure alugar casas de sites e empresas reconhecidas, que tenham reviews de outros hóspedes, como www.airbnb.com ou www.aluguetemporada.com.br

NORDESTE É CARO?

Uma viagem para o Nordeste pode sair cara, principalmente se for marcada em cima da hora, na alta temporada, em um hotel 5 estrelas. Mas tenho visitado muitos lugares incríveis, que não são tão caros quanto parecem. São pousadas lindas em praias paradisíacas. É claro que nos feriados nacionais os preços sobrem bastante. Planeje com antecedência e pesquise com atenção. Se uma praia ou hotel estiverem muito caros, procure as praias vizinhas ou datas alternativas.

Como economizar na hora de comprar passagens

LEONARDO MARQUES
www.melhoresdestinos.com.br

1 Pesquise bastante! O ideal é usar sites que comparam os preços em todas as companhias aéreas nas datas de sua viagem (Decolar, Viajanet, Submarino Viagens e Kayak).

2 Se a sua viagem será em julho, dezembro ou janeiro, o melhor momento para comprar as passagens é com 2 ou 3 meses de antecedência. Para os demais meses os menores preços costumam aparecer de 25 a 40 dias antes da viagem.

3 As promoções de passagens nacionais quase sempre começam na noite de sexta-feira e vão até a madrugada da segunda-feira. Prefira sempre comprar passagens nesse período.

4 Seja flexível! Os preços podem variar muito de um dia para o outro.

5 Passagens para viajar em dias de semana costumam ser mais baratas que as do fim de semana.

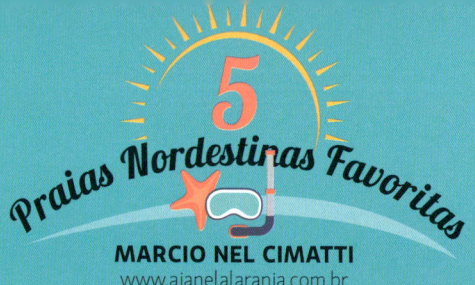

MARCIO NEL CIMATTI
www.ajanelalaranja.com.br

1 TRANCOSO, BAHIA É uma das nossas preferidas. Esta vila de pescadores é muito charmosa e com muita natureza. O tradicional "Quadrado", no centrinho, é um espaço delicioso para as crianças correrem. A praia tem águas cristalinas e é bem equipada para receber crianças.

2 PRAIA DOS CARNEIROS, PERNAMBUCO Tem 5 km de areia muito branca e fina e água cristalina. A barraca Bora Bora tem ótimo serviço, com duchas e banheiros limpinhos. A dica é pegar a maré bem baixa e poder ver os peixinhos nos corais.

3 PRAIA DO FORTE, BAHIA Na maré baixa a praia é cheia de piscinas naturais que viram uma espécie de aquário. Há uma ótima estrutura no charmoso centrinho, com restaurantes e lojas. Uma das coisas mais bacanas é a visita ao Projeto Tamar.

4 PORTO DE GALINHAS, PERNAMBUCO Opção incrível para os pequenos. A praia é calma e o mar é bem tranquilo, cheio de piscinas naturais com muitos peixes coloridos. O centrinho está rodeado de restaurantes deliciosos, como o Beijupirá.

5 PORTO DAS DUNAS, CEARÁ Fica cerca de 40 minutos de Fortaleza e é uma das praias mais procuradas para quem visita a cidade. O grande atrativo é o Beach Park, imenso parque aquático que é muito legal para crianças (e adultos que curtem megatobogãs).

Sabores

Cada região do país tem suas frutas, temperos, sabores típicos. As novidades começam no café da manhã, com o cuscuz, a tapioca e a enorme variedade de frutas, como graviola, mangaba, cupuaçu, caju, cajá... Vale a pena experimentar e apresentar para as crianças!

5 PRATOS QUE VALE A PENA CONHECER

Acarajé
Queijo coalho gratinado, no molho ou como recheio
Moqueca, vatapá e bobó
Caldinho de sururu
Carne de sol

5 DOCES QUE VALE A PENA CONHECER

Bolo de rolo recheado com goiabada
Pão delícia no café da manhã
Ambrosia
Cocada de forno
Cuscuz doce

5 FRUTAS TÍPICAS (que podem ser consumidas em sucos, picolés, sorvetes, sobremesas ou direto do pé.)

Graviola   Umbu
Cajá   Mangaba
Pitomba

Península do Maraú, Bahia

Bahia

A **Bahia** tem a maior costa do Brasil e uma das mais encantadoras também. O litoral da Bahia se divide em **Costa do Descobrimento**, **Costa dos Coqueiros**, **Costa do Cacau** e **Costa das Baleias**. Cada uma com uma característica geográfica um pouco diferente da outra. É na **Bahia** que começa a explosão de sabores, de temperos e de frutas para quem chega do Sul. Há praias para todos os gostos, das mais desertas às mais estruturadas, aquelas que agradam aos aventureiros, aos alternativos e também aos pais de primeira viagem, que querem se sentir seguros. Como diz a letra daquela música antiga "I don't wanna stay here, I wanna to go back to **Bahia**".

Baleia em Abrolhos, Bahia

Bahia

Costa das Baleias

A **Costa das Baleias** fica no extremo sul da Bahia e é o trecho menos explorado do litoral baiano, justamente por ter uma enorme área de preservação ambiental. O **Parque Nacional Marinho de Abrolhos** é lindíssimo, com baleias jubarte e centenas de espécies de peixes e aves. A maneira ideal de conhecê-lo é navegando, já que não é permitido se hospedar nas ilhas. Existem lanchas rápidas que fazem day-trips (bate e volta) e pequenos barcos, mais lentos, com quartos, para pernoitar entre as ilhas. É um local para quem gosta muito de mergulhar e para aventureiros. O ponto de partida é **Caravelas**. **Barra do Caí** tem lindas piscinas naturais e **Comuruxatiba** é uma pequena vila de pescadores. O aeroporto mais próximo é o de **Porto Seguro** (220 km).

Igreja no Quadrado em Trancoso, Bahia

Bahia

Costa do Descobrimento

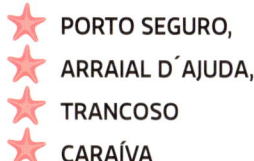

- **PORTO SEGURO,**
- **ARRAIAL D´AJUDA,**
- **TRANCOSO**
- **CARAÍVA**

Para crianças que estão aprendendo sobre o Descobrimento do Brasil, conhecer **Porto Seguro** é uma experiência muito rica. **Porto Seguro** é um dos destinos mais procurados pelos turistas, as praias ficam muito cheias e o agito vai noite adentro. É uma praia com muita estrutura e um aeroporto internacional com voos diretos para muitos destinos no país.

Quanto mais distante para o sul de Porto Seguro se vai, mais tranquilas as praias vão ficando. **Arraial d´Ajuda** tem um centrinho charmoso e praias lindas, com muitas opções de hotéis e restaurantes a 5 minutos de balsa da Passarela do Álcool de Porto Seguro.

Trancoso é um pouco mais afastada e se tornou um destino hippie-chic muito badalado. O ponto de

O MELHOR DA Bahia

CLAUDIA RODRIGUES
www.felipeopequenoviajante.com

1 Um passeio bacana em **Salvador** é ir de ferryboat até Itaparica: as praias são melhores e as crianças não pagam a travessia de 1h. E você ainda terá vistas incríveis da orla de **Salvador**!

2 Entre **Ilhéus** e **Itacaré**: Point das Empadas, onde você come as melhores empadas que já provei acompanhadas de suco de graviola ou cacau. Experimente as de bacalhau e camarão com dendê! E o melhor banho de cachoeira da Bahia, superacessível para crianças, em Tijuípe (crianças não pagam).

3 Não deixe de experimentar os famosos picolés do Péricles, que tem filiais em **Salvador**, **Ilhéus**, **Canavieiras** e **Itaparica**, dentre outras! O de graviola é "the best"!

4 A **Praia da Pitinga**, em **Arraial d'Ajuda**, é maravilhosa: mar e areia perfeitos, beach bar maravilhoso (Flor de Sal), sem muita muvuca e acesso fácil!

5 O pôr do sol mais bonito de **Salvador** é na **Praia do Porto da Barra** e, de lá, dá para ir caminhando até o **Farol da Barra** pelo lindo calçadão à beira-mar, bem iluminado à noite, que tem um ótimo gramado para bater uma bolinha com os pequenos.

Bahia

encontro é o Quadrado, um grande gramado cercado de lojinhas (onde está sempre rolando alguma partida de futebol da meninada), restaurantes supergostosos e pousadas incríveis. O Quadrado fica no alto de uma falésia. Ver a lua nascer atrás da igrejinha é um espetáculo. No centrinho não circulam automóveis. Os hotéis são estilosos e mais caros. Quem está sem carro precisa caminhar para chegar até a praia. Os bares e restaurantes da praia têm boa estrutura, alguns com playground.

A **Praia do Espelho** fica logo adiante e é muito bonita. É possível ir caminhando pela areia. Para quem prefere destinos mais rústicos vale a pena ir um pouco mais para frente. Em **Caraíva**, até pouco tempo nem tinha energia elétrica. Tem poucas pousadas, mas a vila é muito charmosa. Por lá não circulam carros, pois um rio isola o vilarejo.

Para conhecer o local onde os portugueses desembarcaram pela primeira vez no Brasil, vá até **Santa Cruz de Cabrália**, que fica na direção norte, depois de **Porto Seguro**.

PORTO SEGURO, ARRAIAL D'AJUDA, TRANCOSO E CARAÍVA

HOTÉIS EM PORTO SEGURO

La Torre Resort All Inclusive
Av. Beira Mar, 9.999 – Praia do Mutá
(73) 2105-1850
www.resortlatorre.com.br
Resort all inclusive 🍽️🍹🍲

Fica na Praia de Mutá, que é muito bonita. Tem clube de praia, kids club, recreação, 6 piscinas, tirolesa e aulas de mergulho.

Porto Seguro Praia Resort
Av. Beira Mar, 1.500 – Praia de Curuípe
(73) 3288-9330
www.pspresort.com.br
Resort all inclusive 🍽️🍹🍲

Fica na praia de Curuípe, próximo ao centrinho e do aeroporto. Tem uma barraca de praia em frente ao resort. Além da recreação, tem atividades como tirolesa, arvorismo e rapel.

Portobello Resort
Av. Beira Mar, 6.111 – Praia de Taperapuã
(73) 2105-6000
www.portobellohoteis.com.br
Café da manhã ☕

Basta atravessar a rua para chegar à praia, onde há um bar que serve aos hóspedes. A piscina é cercada por um jardim com coqueiros. Playground para as crianças. Boa escolha para quem prefere ficar próximo ao centro.

Toko Village
Alameda dos Corais, s/n – Praia do Mutá
(73) 3677-1300
www.tokovillage.com
Café da manhã ☕

Casas e apartamentos coloridos, modernos e confortáveis na Praia de Mutá, um local tranquilo, a 12 km de Porto Seguro, próprio para mergulhos em recifes e corais.

ONDE FICAR

HOTÉIS EM ARRAIAL D'AJUDA

Arraial D´Ajuda Eco Resort
Ponta do Apaga Fogo
(73) 3575-8500
www.arraialresort.com
Meia pensão

Situado na ponta de uma praia paradisíaca e privativa, em frente a Praia do Mucugê. Anexo ao resort fica um parque aquático. Os hóspedes têm acesso liberado durante a estadia. O hotel tem um centro de mergulho.

Pousada Pé na Estrada
Rua Jetiquibá, 60 – Centro
(73) 3575-3878
www.penaestradapousada.com.br
Café da manhã

Pousada pequena e simpática, com cuidados nos pequenos detalhes. Fica na Praia do Mucugê, perto de muitos restaurantes e a 5 minutos da praia.

Pousada Beijo do Vento
Alto do Mucugê, 730
(73) 3575-1774
www.beijodovento.com.br
Café da manhã

É como se hospedar em uma casa. Todos os quartos têm uma vista muito bonita. Próxima da praia e do centrinho. Pequena piscina, também com vista.

Hotel Pousada Coqueiros
Alameda dos Flamboyants, 55
(73) 3575-1229
www.pousadacoqueiros.com.br
Café da manhã

Hotel pequeno, bem localizado, colorido e simpático. No quarto família, 2 adultos e 2 crianças ficam bem acomodados. Varandas com redes e uma piscina.

HOTÉIS EM TRANCOSO

Capim Santo
Rua do Beco, 55 – Quadrado
(73) 3668-1122
www.capimsanto.com.br
Café da manhã

Hotel com estilo e conforto no Quadrado. A decoração usa elementos regionais. Tem um dos melhores restaurantes de Trancoso, além de um jardim tropical, onde fica a piscina.

Pousada Le Refuge
Caminho da Praia, s/n
(73) 3668-1150
www.pousadalerefuge.com.br
Café da manhã

Esta pequena pousada fica entre a praia e o Quadrado. Embora não seja tão colorida quanto a maioria, é bem decorada. Tem piscina. O quarto que acomoda bem uma família tem um mezanino.

Club Med Trancoso
Club Med Km 18, Fazenda Taipe, s/n
(73) 3575-8400
www.clubmed.com.br
Resort all inclusive

O Club Med Trancoso talvez seja o mais cobiçado da rede. A praia é linda, os recreadores (G.O.s) são muito simpáticos, a programação é cheia de atividades e há muita variedade de esportes.

Etnia Pousada & Boutique
Rua Principal, 25
(73) 3668-1137
www.etniabrasil.com.br
Café da manhã

Muito conforto e bom gosto na decoração. Como grande parte das pousadas da região, o estilo dela é rústico. Um dos quartos é uma vila que acomoda até 5 pessoas. Fica a 5 minutos a pé da praia, tem piscina e um belo jardim.

Bahia
ONDE FICAR

Pousada Samambaia
Rua João Vieira, s/n
(73) 3668-1774
www.samambaiatrancoso.com
Café da manhã

Os chalés ficam em meio a uma área verde a 250 metros do Quadrado e a 15 minutos a pé da praia. Tem uma piscina. Simples mas com charme.

Uxuá Casa Hotel & Spa
Praça São João Batista, s/n - Quadrado
(73) 3668-2277
www.uxua.com
Café da manhã

Um dos hotéis mais luxuosos, embora também tenha um astral rústico. Os quartos são pequenas casas decoradas com muito bom gosto, madeira e artesanato local. Fica no Quadrado e possui um lounge na praia.

HOTÉIS EM CARAÍVA

Pousada da Terra
Rua Miramar, s/n
(73) 9985-4417
www.terracaraiva.com.br
Café da manhã

Simples e caprichada, fica próxima à praia. Quartos com ar-condicionado. Não tem piscina.

Pousada da Barra
Praia de Caraíva, 1
(73) 9804-0670
www.caraiva.com
Café da manhã

Pousada agradável, colorida e bem decorada. Fica na beira da praia, os quartos têm vista para o mar e para o rio.

Pousada San Antonio de Caraíva
Rua da Praia, 900
(73) 9999-9552
www.pousadasanantonio.com
Café da manhã ☕

Pé na areia, bom gosto nos detalhes da decoração. Jardim simpático na frente da praia.

Pousada Vila do Mar
Contato: viladomar@hotmail.com
(31) 9324-0026
www.pousadaviladomar.com.br
Café da manhã ☕

O jardim com a piscina e o bar da praia ficam na sombra dos coqueiros. O deck com espreguiçadeiras também é muito gostoso.

HOTÉIS EM SANTA CRUZ DE CABRÁLIA

Campo Bahia
Av. Beira Mar, 1.885
(73) 3162-4690
www.campobahia.com
Café da manhã ☕

Ficou famoso depois que a Seleção da Alemanha se hospedou lá durante a Copa do Mundo. Resort luxuoso com arquitetura moderna, integrado com a natureza. Fica na frente da praia. Oferece atividades como mergulho, kitesurf, pesca e golfe. Opção de vila com até 5 quartos.

5 Dicas de Caraíva

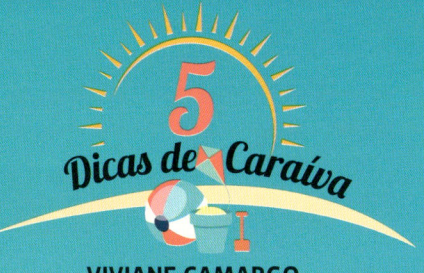

VIVIANE CAMARGO
Sócia da Aurora Branding

1. Assistir ao pôr do sol no Boteco do Pará, o mais famoso da vila. Os pastéis e as caipirinhas (para os pais, claro) são imperdíveis.

2. A vazante do rio Caraíva vira uma deliciosa aventura de boiacross que une o rio com o mar. Mas se informe antes de entrar, pois às vezes o rio tem uma correnteza bastante perigosa.

3. Passar o dia em **Corumbau**, uma das praias mais lindas do Brasil, deserta e supercalma, que proporciona mergulhos inesquecíveis com as crianças.

4. Ir de charrete ou de barco até a **Ponta do Satu**, entre **Caraíva** e a **praia do Espelho**. Esse oásis ainda presenteia você com a barraca do Satu, que há mais de 30 anos oferece coco gelado aos felizardos visitantes.

5. Mesmo já tendo luz elétrica, **Caraíva** fica escura à noite, pois a rede é subterrânea e não há postes na rua. Os passeios noturnos viram uma aventura. Leve uma lanterna para cada criança, é diversão na certa. Se der sorte, a lua cheia ainda ajudará a iluminar o caminho.

RESTAURANTES EM PORTO SEGURO

Canto Italiano
Av. Portugal, 50 – Shopping Rio Mar
Passarela do Álcool
(73) 8131-4058
www.cantoitaliano.com

Opção simples e barata, chega a fazer fila nos feriados. O ambiente é bem informal, quase uma lanchonete, mas os pratos são variados e o preço é bom.

Colher de Pau
Travessa Augusto Borges, 52 – Centro
(73) 3268-4124
www.grupocolherdepau.com.br

O charme do restaurante é o terraço com vista para o mar e o formato de cabana. Fica próximo à Passarela do Álcool e tem cardápio variado.

RESTAURANTES EM ARRAIAL D'AJUDA

Boiteko
Rua do Mucugê, 69 - Centro
(73) 9156-5995

Ambiente agradável com mesas ao ar livre. O cardápio é variado, com um toque mineiro, além de pratos como picanha ou salmão. As porções são bem servidas. Pratos e talheres especiais para as crianças e espaço kids.

Flor do Sal
Estrada da Pitinga, s/n
Praia da Pitinga
(73) 3575-3978

Barraca e restaurante de praia com localização privilegiada. Espaço confortável com lounges e espreguiçadeiras. É preciso chegar cedo para conseguir um lugar.

Bahia
ONDE COMER

Paolo Pizza
Alameda dos Oitis, 65 – Centro
(73) 3575-2822
www.paolopizza.net

Uma das boas pizzarias de Arraial. Massa fina e crocante. Não é tão central, mas vale a pena encontrá-la.

Manguti
Rua do Mucugê, 99
(73) 3575-2270
www.manguti.com.br

Restaurante tradicional na Rua do Mucugê com comida caseira e pratos bem servidos. Ambiente simples. Abre para o almoço.

RESTAURANTES EM TRANCOSO

Capim Santo
Rua do Beco, 55 – Quadrado
(73) 3668-1122
www.capimsanto.com.br

Restaurante do hotel (tem em São Paulo também). Muito bom, fica em uma pequena viela do Quadrado.

O Cacau
Praça São João, 96
(73) 3668-1266
www.ocacautrancoso.com.br

Um dos melhores da praia. Comida regional, muito gostoso. Fica no Quadrado, ao lado da via que dá acesso à praia.

Cantinho Doce
Quadrado, 15
(73) 3668-1410
www.cantinhodocetrancoso.com.br

Um dos restaurantes mais tradicionais do Quadrado. No cardápio, muitos frutos do mar e também pratos da cozinha internacional são servidos em mesas que ficam no gramado. Recentemente abriu o Cantinho Doce Praia.

Gelateria do Beco
Rua do Beco, 48
(73) 3668-1122

Os sabores de frutas e ingredientes regionais se misturam ao sorvete artesanal italiano. O dono, um italiano falante chamado Andrea, está sempre por ali.

RESTAURANTES EM CARAÍVA

Boteco do Pará
Av. dos Navegantes, 700
(73) 3274-6829
www.botecodoparacaraiva.com.br

Um local simples, com mesinhas embaixo da árvore, na beira do rio, que atrai pelo ambiente e também pelo pôr do sol. O pastel é superfamoso.

Caraíva
De frente para o rio
(11) 99934-9993

Na beira do rio, simples e com um cardápio muito saboroso.

Ponta do Mutá, Bahia

5
DICAS TOP DE
Itacaré

1. As praias de mais fácil acesso são a Praia da Concha, que tem bares, serviços e águas bem calmas, e da Ribeira, que tem muitos coqueiros e um riacho.

2. Resende tem fácil acesso e, no fim da tarde, tem muitas rodas de capoeira.

3. Itacarezinho é uma das praias mais estruturadas. Tem barracas com serviço de praia.

4. Siríaco é uma minipraia. Para chegar lá são 10 minutos de caminhada a partir da Praia da Ribeira. Imperdível.

5. Uma das praias mais isoladas é a Praia do Jeribuaçu. São 40 minutos caminhando. Em uma taperinha improvisada vende-se tapioca de queijo coalho, abacaxi cortadinho e água de coco (colhido na hora). Deu vontade?

Bahia

Costa do Cacau

⭐ **ILHÉUS**
⭐ **ITACARÉ**

Em **Itacaré**, a Mata Atlântica chega até a beira da praia. É um destino mais indicado para aventureiros, pois para chegar a algumas das praias mais bonitas, é preciso caminhar por trilhas. Muitas delas não têm nenhuma estrutura, mas são todas belíssimas. As crianças pequenas vão nos ombros dos pais ou dos guias. As mais centrais são de fácil acesso e têm barracas que vendem petiscos e bebidas. Da praia de Coroinha, que fica na vila, saem os passeios para cachoeira e para o mangue. No fim da tarde todo mundo se encontra na **Ponta do Xaréu**. A maioria dos restaurantes e bares só abre à noite e a rua principal (Pedro Longo) vira um agito. Há resorts que ficam em algumas das praias mais bonitas.

A região de **Ilhéus** tem praias muito bonitas e um aeroporto bem conectado. Serve como acesso para outros destinos, como Itacaré. Vale a pena passar pelo simpático centro histórico e conhecer um pouco da história do escritor Jorge Amado e seus personagens.

HOTÉIS EM ILHÉUS

Resort Transamérica Comandatuba
Ilha de Comandatuba, s/n
(73) 3686-1122
www.transamerica.com.br
Meia pensão 🍽️🍲

Cercado por uma natureza exuberante. Muitas opções de atividades, quadras poliesportivas, pesca, motos aquáticas, recreação infantil, copa baby, playgrounds, quartos luxuosos. Fica a 70 km do aeroporto de Ilhéus, mas há também um aeroporto na própria ilha para pequenos aviões que fazem transfer.

Cana Brava Resort
Rodovia Ilhéus Canasvieira, km 24 - Olivença
(73) 3269-8000
www.canabravaresort.com.br
Resort all inclusive 😊🍱🍹

Fica na beira da Praia Brava, em Ilhéus. Tem recreação e atividades monitoradas, restaurantes de diversos estilos, bar na piscina e um lago onde são praticadas diversas atividades.

Resort Tororomba
Rod. Ilhéus/Comandatuba, km 21
(73) 3234-1400
www.tororomba.com.br
Café da manhã ou meia pensão ou pensão completa ☕🍽️🍹

O Tororomba está bem integrado à natureza, na frente da praia. Além de recreação e atividades durante o dia, à noite há shows temáticos. Uma das piscinas tem dois tobogãs.

Bahia
ONDE FICAR

HOTÉIS EM ITACARÉ

Aldeia do Mar
Loteamento Conchas do Mar, s/n – Praia da Concha
(73) 3251-2230
www.aldeiadomar.com
Café da manhã

Lembra uma casa de fazenda, mas fica na areia da Praia da Concha. Piscina ao ar livre e quartos com tema marítimo com varanda para o jardim.

Itacaré Eco Resort
Rodovia BA 001, km 64
(73) 3251-3133
www.ier.com.br
Meia pensão

Uma antiga fazenda de cacau, em uma das praias mais bonitas de Itacaré, a de São José. Fica próximo também da Prainha. A natureza é exuberante. Duas piscinas e recreação para as crianças.

Pousada Villa Bella
Rua 6, s/n – Praia da Concha
(73) 3251-2985
www.pousadavillabella.com.br
Café da manhã

Pousada pequena e muito bonita. Próxima às praias da Concha, Tiririca e Resende.

Vila Maeva
Rua da Praia da Concha, 81 – Loteamento Conchas do Mar
(73) 3251-3490
www.villamaeva.com.br
Café da manhã

Ótima opção para quem prefere ficar hospedado na região central (ela fica próxima à praia da Concha) mas não abre mão de conforto e estilo. Os quartos e banheiros são amplos e decorados com detalhes de bom gosto. A piscina tem uma área mais rasa.

HOTÉIS

48

ILHÉUS E ITACARÉ

Bahia
ONDE FICAR

Vila Pérola Negra
Avenida 1 – Conchas do Mar
(73) 8868-0068
www.vilaperolanegra.com.br

São oito casas bonitas e bem equipadas para alugar com 3 ou 4 quartos. Elas são novas, tem ar-condicionado, cozinha e churrasqueira e uma piscina comum. Região bem central.

Txai Resort
Rodovia Ilhéus - Itacaré km 48
(73) 2101-5000
www.txairesorts.com
Café da manhã ☕

Supersofisticado, o Txai fica em uma antiga fazenda de cacau, em uma área de preservação ambiental. Quartos muito confortáveis, piscinas infantil e adulta em meio a áreas verdes.

HOTÉIS 49

Península do Maraú, Bahia

Bahia
ONDE COMER

ILHÉUS E ITACARÉ

RESTAURANTES NA COSTA DO CACAU

Gelato Gula
Rua Pedro Longo, 388 –
Pituba
(71) 3251-3483 / (73) 8179-2297

Sorvetes italianos, mas com sabores bem brasileiros.

Pizzaria Boca de Forno
Rua Lodônio Almeida, 108 –
Beco das Flores
(73) 3251-2174 / 8812-9786

Pizzas deliciosas de massa fina e crocante. Agrada a pais e filhos.

Restaurante Mãe Josepha
Rodovia BA 001, km 64
(73) 3251-3133
www.ier.com.br

Fica no Itacaré Eco Resort. Culinária baiana e internacional e ótima carta de vinhos. Reserve.

Restaurante Panela de Barro
Rua Pedro Longo, 425 –
Pituba
(73) 3251-3434

Churrascaria gaúcha para quem quer variar um pouco o cardápio.

Tio Gu Café Creperia
Rua Pedro Longo, 488 –
Pituba
(73) 3251-2084
www.tiogu.com

Um dos restaurantes mais tradicionais de Itacaré. Ambiente descontraído e crepes com carinhas para as crianças pequenas.

RESTAURANTES

Costa do Dendê

⭐ **PENÍNSULA DE MARAÚ**
⭐ **BOIPEBA**
⭐ **MORRO DE SÃO PAULO**
⭐ **ITAPARICA**

De forma geral, as praias da **Costa do Dendê** são mais isoladas (e lindíssimas). O acesso a algumas delas é mais complicadinho, mas o esforço compensa.

A **Península de Maraú** é um paraíso. **Taipu de Fora** é uma das atrações mais conhecidas da região por causa das piscinas naturais. Durante o dia recebe muitos visitantes das praias vizinhas. À noite praticamente não há movimento, a não ser nas pousadas, que de forma geral, são as mais sofisticadas. Não há hospitais, farmácias ou mercados. O que atrai os turistas é justamente este astral mais alternativo. Quem prefere mais estrutura, deve ficar em **Barra Grande**. O centrinho da vila é supersimpático e oferece várias pousadas, restaurantes, farmácias, agências de turismo, de mergulho e mercadinhos. Do porto saem passeios de barco pela região. No fim do dia não perca o pôr do sol na Ponta do Mutá!

Bahia

O acesso até a **Península** é chatinho. Indo por **Ilhéus**, são 120 km (boa parte em estrada de terra). O problema é que quando chove muito, este trajeto pode ficar inviável. Aí é preciso ir por **Camamu** e atravessar de balsa/lancha, deixando o carro lá. Se preferir ir por **Salvador**, é possível fazer o trajeto de avião (há empresas que oferecem este serviço no aeroporto de **Salvador**) ou de carro. Neste caso é preciso atravessar a Baía de Itaparica de ferryboat ou balsa, rumo a **Camamu** e então pegar uma lancha para atravessar a **Baía de Camamu**.

Mais próximo de Salvador, a ilha de **Morro de São Paulo** é um destino lindo e tem um astral muito bacana. Para chegar lá é preciso ir de barco (que sai do terminal marítimo na frente do Mercado Modelo em **Salvador**) ou de avião pequeno (há voos regulares a partir do aeroporto); lá não circulam automóveis. Uma praia é mais bonita que a outra. A Primeira e a Segunda têm bastante movimento, várias pousadinhas e alguns restaurantes. Na Terceira e na Quarta praias há menos movimento e alguns hotéis um pouco mais sofisticados e com mais estrutura. Para ir de uma praia à outra é preciso caminhar. Para fechar o dia com chave de ouro, vale a pena ver o pôr de sol no farol. De noite, o agito e o ponto de encontro é no centrinho.

Boipeba fica ainda mais isolada. É uma pequena vila, muito bonita e ainda pouco explorada. Destino ideal para quem quer muito sossego e curte peixes e frutos do mar bem frescos em restaurantes simples, pertinho do mar. O catamarã sai de **Morro de São Paulo**, às 9h30 da manhã.

Itaparica é onde **Salvador** encontra sossego. A Ilha tem mais de 40 km de praia e uma extensa barreira de recifes. A travessia entre as duas é feita de ferry ou balsa e a vista da orla de **Salvador** é muito bonita.

5 Dicas de Barra Grande

FERNANDA ÁVILA
www.viajocomfilhos.com.br

1. Passeio de barco pelas ilhas da região. Há várias paradas: entre elas uma na Ilha da Pedra Furada e outra em um restaurante delicioso construído em uma palafita.

2. Se estiverem em um grupo grande, é possível pegar uma lancha só para vocês. Fizemos isso e valeu muito a pena.

3. Alugar um quadriciclo para explorar a região. Se vocês tiverem espírito aventureiro, dá para ir longe: passar pela Lagoa do Cassange e, quem sabe, ir até Algodões.

4. À noite, nos dias de maior movimento, a pracinha principal fica animada. Muitas vezes há bandas tocando, rodas de capoeira, barraquinhas de artesanato e aquela animação toda que é a barra da Bahia.

5. Leve dinheiro, pois há vários estabelecimentos que não aceitam cartão e não tem caixa eletrônico nem em Barra Grande. Se precisar de cash, você vai ter que pegar um barco até Camamu.

HOTEL EM ITAPARICA

Club Med Itaparica
Estrada Bom Despacho, Km 13, s/n – Nazaré
Vera Cruz – BA
(71) 3681-8800
www.clubmed.com.br
Resort all inclusive

O Club Med é um resort tradicional e seus pontos fortes são os recreadores (G.O.s) e a variedade das atividades esportivas para crianças e adultos. A estrutura para bebês é bem completa, com banheirinhas, carrinhos, copa baby além de recreação e shows.

HOTÉIS EM BARRA GRANDE E TAIPU DE FORA

Pousada Taipu de Fora
Fazenda Taipu, s/n – Zona Rural
Maraú – BA
(73) 3258-6278
www.taipudefora.com.br
Café da manhã

Sofisticada e de muito bom gosto, a pousada tem um grande gramado com lounges e redes. Exatamente na frente das piscinas naturais de Taipu de Fora, mas não tem piscina. Tem espaço para as crianças. O restaurante Taocas é muito bom.

Encanto da Lua
Praia de Taipu de Fora – Barra Grande
Maraú – BA
(73) 3258-9020 / 3258-9070
www.pousadaencantodalua.com.br
Meia pensão

Uma das mais simpáticas da região. Fica na beira da praia, tem piscina e a decoração usa muitos elementos rústicos com muito bom gosto. Quartos com varanda, rede e opção de apartamento com jacuzzi.

Bahia
ONDE FICAR

Hotel Village Aytyaram
Praia de Taipu de Fora, s/n –
Barra Grande
Maraú – BA
(73) 3215-3500 (reservas)
www.aytyaram.com.br
Café da manhã ☕

Hotel simples em local agradável, com uma pequena piscina de frente para a praia. Na frente das piscinas naturais de Taipu de Fora.

KALUANA MUTÁ
Ponta do Mutá
(73) 3258-6148
muta.pousadakaluana.com.br
Café da manhã ☕

Quartos grandes com rede na varanda. Sem luxo, mas com muito bom gosto. Pousada pé na areia, com piscina em frente ao mar. É possível ir a pé até Barra Grande pela praia quando a maré está baixa.

Kiaroa Eco-Luxury Resort
Loteamento da Costa, Área SD6 – Barra Grande
Maraú – BA
(73) 3258-6214

A mais sofistica da região. Inspirada nos bangalôs da Polinésia francesa. Quartos são amplos e iluminados, com piscina particular.

HOTEL EM MORRO DE SÃO PAULO

Patachocas Eco Resort
Quarta Praia
(73) 3652-2128
www.patachocas.com.br
Café da manhã ☕

Um dos mais tradicionais da ilha. Na frente do mar. Ideal para quem quer ficar integrado com a natureza. Oferece traslados para a Segunda Praia (onde há restaurantes e agito). Tem piscina infantil e organiza passeios.

HOTÉIS

RESTAURANTES NA COSTA DO DENDÊ

Bar das Meninas
Lot. Praia Bela Taipu, Lote 22, Q U8 - Maraú
Barra Grande – BA
(73) 9998-6222
www.bardasmeninas.com.br

Bar de praia em Taipu de Fora. Uma boa base para quem vai apenas passar o dia na praia.

Donanna
Rua do Anjo, s/n - Maraú
Barra Grande – BA
(73) 3258-6407

Pequeno, charmoso, comida gostosa e ótimo atendimento em Barra Grande. Um bom lugar para experimentar as especialidades locais como moqueca e casquinha de aratu (um siri da região).

Portofino Pizzaria
Lot. Praia Bela Taipu, s/n, Lote 19, Q U8 - Maraú
Barra Grande – BA
(73) 3230-1420

Pizza feita no forno a lenha deliciosa em Taipu de Fora. Massa fina e crocante. Provavelmente a melhor opção da praia quando o dia acaba.

Bar da Rô
Rio Carapintangui
Barra Grande – BA
(73) 3258-6076

Lugar ideal para ver o pôr do sol enquanto passa horas beliscando os deliciosos petiscos e tomando uma cerveja gelada. O rio fica de um lado e o mar de outro, e você fica alternando banho de água doce e salgada! Dá para alugar SUP.

Bahia
ONDE COMER

Tapera
Rua Dra. Lili, s/n - Maraú
Barra Grande – BA
(73) 3258-6119
www.atapera.com.br

Um dos melhores. Além de ser charmoso, tem ótimo atendimento. Experimente o bobó e o escondidinho de camarão.

O Deck
Rua Vasco da Gama, 10 – Maraú
Barra Grande – BA
(73) 3258-6554

Bar de praia com música e ótimo para ver o pôr do sol.

Buda Beach
Praia Bela de Taipu, s/n, Lote 33 e 34, QD U
Taipu de Fora – BA
(73) 99986-0410
www.budabeachbrasil.com

Restaurante e bar de praia na frente das piscinas naturais de Taipu de Fora.

Dri & Dani
Praça da Mangueira, s/n
Barra Grande – BA
(73) 3258-6405
www.dridanicafe.blogspot.com.br

Lanchonete bem no centrinho de Barra Grande. Hambúrguer delicioso.

Vila Kaluana
Av. Maraú, 9997
(73) 3258-6509

Pizzaria dos mesmos donos das pousadas Kaluana. Ótima trilha sonora (muitas vezes ao vivo).

Tikal
Praia de Algodões
Maraú – BA
(31) 3324-7818
www.tikalpraiabar.com.br

Um pouco longe (em Algodões), mas vale a viagem. Bar de praia descolado e charmoso e a comida deliciosa. Experimente os ceviches.

RESTAURANTES

Dicas para curtir a praia em Salvador

MARIANA SÁ
Cofundadora do Movimento Infância Livre de Consumismo
www.milc.net.br

1 Porto da Barra: chegue cedo e escolha um lugar perto do mar calmo, mesmo nas marés cheias, e garanta um banho delicioso. É uma praia pequena, e no verão fica muito cheia.

2 Farol da Barra: só vale ir na maré vazia. Olhe a tábua das marés. Da balaustrada, escolha uma poça transparente e se instale perto dela. Vendedores ambulantes oferecem bebidas e acarajé. Aproveite.

3 Buracão: fica na Rua do Barro Vermelho, no bairro do Rio Vermelho. Praia pequena e linda com ondas fortes. Não se aventure onde não houver ninguém. Na maré seca tem piscininhas gostosas. Tome um picolé da Capelinha sabor cajá.

4 Jaguaribe: observe o prédio mais alto do bairro e busque uma grande piscina que se forma na maré vazia excelente para crianças. Alugue um kit de cadeira e tome um picolé da Capelinha sabor umbu.

5 Buraco da Velha: a única praia da lista com estrutura de barraca que dá para passar mais tempo. Está localizado em Vilas do Atlântico, colado em Salvador. Ideal quando a maré está vazia.

Bahia

De passagem por Salvador

Salvador é uma cidade alegre, cheia de cores, uma introdução aos sabores e delícias do Nordeste. O astral da cidade varia muito de acordo com o cuidado e a atenção que ela vem recebendo. O Pelourinho, com casas coloridas de arquitetura colonial, suas igrejas imponentes e as baianas de vestido branco rodado, é um lugar incrível (além de ser uma boa maneira de fazer uma imersão na histórica do Brasil). Não deixe de conhecer a Igreja Senhor do Bonfim. Mas leve em conta que as ladeiras podem ser um pouco cansativas para as perninhas pequenas.

Vale a pena andar no Elevador Lacerda e passear pelo Mercado Modelo e garantir algumas fitinhas coloridas do Bonfim, que hipnotizam as crianças.

No fim da tarde, o melhor lugar para ver o pôr do sol é no Farol da Barra.

Pelourinho, Salvador, Bahia

SALVADOR

Bahia
ONDE FICAR

> **HOTÉIS EM SALVADOR**

Pestana Bahia Lodge
Rua Fonte do Boi, 216 – Rio Vermelho
(71) 2103-8000
www.pestana.com
Café da manhã ☕

Fica anexo ao prédio do Pestana Bahia. São apartamentos com mezanino, em frente a uma piscina com vista para o mar. Têm dois banheiros e micro-ondas. Acomoda bem uma família. Fica na Ponta Vermelha.

Bahia Othon Palace
Avenida Oceânica, 2294
Salvador
(71) 2103-7100
www.othon.com.br
Café da manhã ☕

Hotel tracicional de Savador, situado no alto de um rochedo, com vista para o mar azul da praia de Ondina. Tem quartos triplos.

Gran Hotel Stella Maris
Loteamento Praia de Stella Maris, Rua B, s/n
(71) 3413-0000
www.solexpress.com.br
Café da manhã ☕

Situado na praia Stella Maris, o hotel tem estrutura de lazer, recreação e kids club. De noite acontecem shows.

Catussaba Business
Al. Dilson Jatahy Fonseca, 105 – Itapuã
(71) 3418-9000
www.catussaba.com.br
Café da manhã ☕

Ideal para quem quer ficar perto do aeroporto, o que pode ser ótimo para quem chega tarde ou precisa pegar um voo cedo e não quer enfrentar o longo trajeto até o centro de Salvador. Piscina e restaurante no hotel.

RESTAURANTES EM SALVADOR

Coco Bambu
Rua Aracajú, 56 – Barra
(71) 3245-9166
www.restaurantecocobambu.com.br

Um clássico de várias capitais nordestinas que está conquistando o Brasil. Comida regional e frutos do mar em pratos bem servidos.

Restaurante do SENAC
Praça José de Alencar, 13
(71) 3324-8101
www.ba.senac.br

Uma boa maneira de ter uma boa noção da culinária baiana. O tradicional restaurante-escola fica no Pelourinho e abre todos os dias para o almoço.

Bargaço
Rua Antonio da Silva Coelho, Q 43, L18/19 – Jd. Armação
(71) 3231-1000 / 3231-5141
www.restaurantebargaco.com.br

Um restaurante tradicional e famoso de Salvador, o cardápio é de comida baiana e frutos do mar. Tem uma grande área infantil com playground. É dividido em duas áreas, uma fechada (com ar-condicionado) e outra externa.

Bahia
ONDE COMER

Yemanjá
Rua Octávio Mangabeira, 4661 – Armação
(71) 3461-9010
www.restauranteyemanja.com.br

Decoração típica, com baianas vestidas com os tradicionais vestidos brancos. Lugar perfeito para comer acarajé, moquecas e outras delícias típicas. Deixe lugar para as sobremesas.

Amado
Av. Lafayete Coutinho, 660
Comércio
(71) 3322-3520
www.amadobahia.com.br

O grande destaque do Amado é a vista. Ele fica sobre a Baía de Todos os Santos e não é preciso estar na varanda para poder apreciar o visual. O restaurante é sofisticado e o cardápio é contemporâneo com muitos peixes.

Paraíso Tropical
Rua Edgar Loureiro, 98-B
Cabula
(71) 3384-7464
www.restauranteparaisotropical.com.br

Um dos favoritos da capital. Grande parte dos temperos e ingredientes é produzido por lá mesmo. Destaque para as moquecas. O restaurante é rodeado de uma mata tropical e fica um pouco afastado do circuito turístico.

Praia do Forte, Bahia

Bahia

Costa dos Coqueiros

⭐ **PRAIA DO FORTE**
⭐ **GUARAJUBA**
⭐ **IMBASSAÍ**
⭐ **COSTA DO SAUÍPE**
⭐ **MANGUE SECO**

A **Praia do Forte** é um dos destinos mais indicados para viagens com crianças. A vila é superssimpática e a Alameda do Sol, que é a via principal, é fechada para carros. Se as crianças cansarem, tem táxis-bicicleta. Há uma grande variedade de pousadas, hotéis, resorts e restaurantes. O acesso a partir do aeroporto de Salvador é fácil e as praias são lindas. Para mim, a mais bonita é a Papa Gente. O Projeto Tamar é um passeio perfeito para crianças. Um pouco antes da Praia do Forte, ainda mais perto de Salvador, fica **Guarajuba**.

Imbassaí fica logo depois da **Praia do Forte**, mas é bem menos badalada, menos movimentada. A grande atração ali é o rio, que passa pela vila e deságua no mar. Para chegar à praia é preciso pegar um barquinho. Muita gente prefere tomar

Imbassaí, Bahia

banho no rio, já que o mar é bem agitado. Há alguns restaurantes pequenos e charmosos e diversas pequenas pousadas, a maioria um pouco escondidas na pequena vila.

Seguindo mais alguns quiolômetros pela Linha Verde em direção ao norte da Bahia, fica a Costa do Sauípe, um dos resorts mais tradicionais do país.

A última praia do estado, já na divisa com o Sergipe, é Mangue Seco, que ficou famosa depois de ser cenário da novela Tieta. Muitas dunas, praias praticamente desertas e pousadas mais rústicas para quem procura contato com a natureza. Para chegar é preciso atravessar um rio de barco.

Projeto Tamar

Av. Farol Garcia D'Ávila, s/n
Praia do Forte – BA
(71) 3676-0321/1045 e 8127-2010
www.tamar.org.br
Diariamente, das 08:30 às 17:30.

O Centro de Visitantes da Praia do Forte existe desde 1982. O Projeto Tamar tem várias sedes no Brasil, mas esta é a mais completa e estruturada para receber visitantes. São muitos aquários onde é possível passar a mão em arraias gigantes, alimentar os tubarões e ver centenas de peixes e animais marinhos. Uma das grandes atrações, claro, é ver a soltura das tartarugas marinhas. O espaço tem também uma loja e um ótimo restaurante, que fica na frente das piscinas naturais.

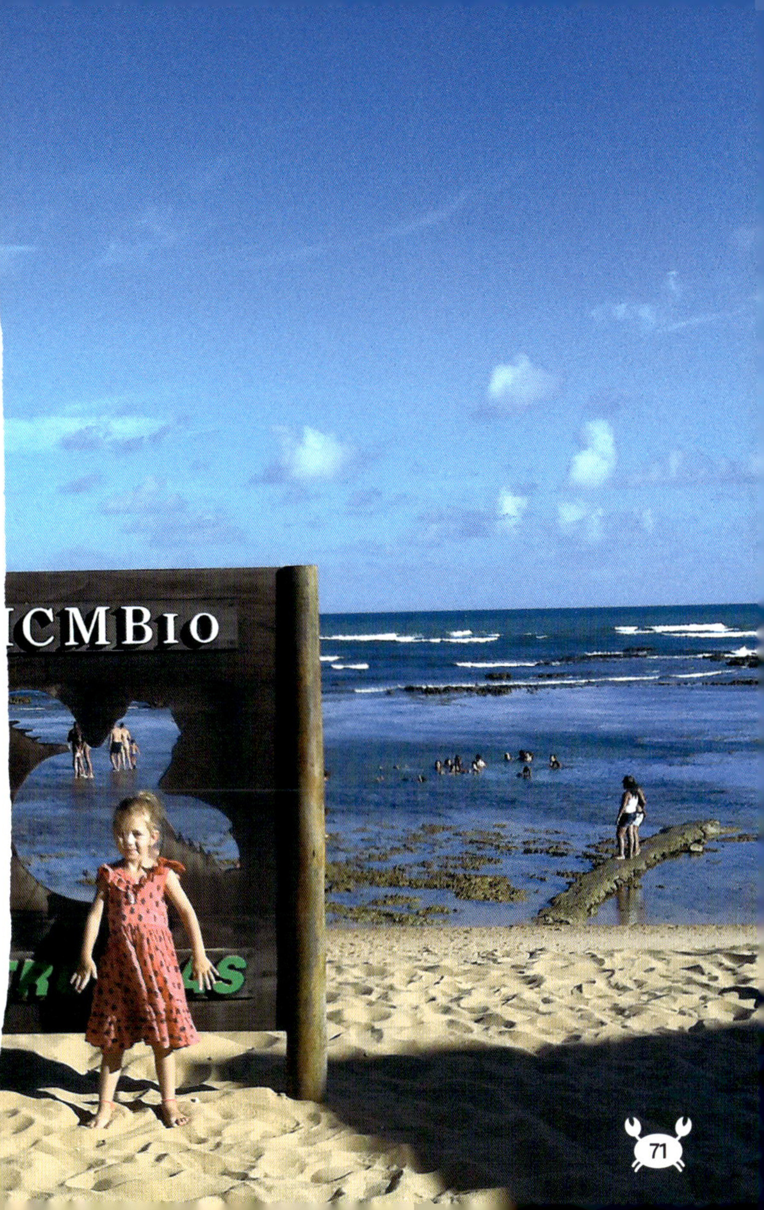
ICMBio

HOTÉIS NA COSTA DOS COQUEIROS

Vila Galé Marés
Rua Praia de Guarajuba, s/n
Camaçari – BA
(71) 3674-8300
www.vilagale.com
Resort all inclusive

Localizado a apenas 13 km da Praia do Forte, o resort fica entre a Praia de Guarajuba e uma lagoa. Resort completo com recreação, kids club e copa baby. Chalés confortáveis e grande área externa.

Refúgio da Vila
Loteamento Aldeia dos Pescadores 6,7 e 8 – Mata de São João
Praia do Forte – BA
(71) 3676-0114
www.refugiodavila.com.br
Café da manhã

Hotel pequeno e charmoso com quartos confortáveis. Fica no centrinho, a 200 metros da praia. Parquinho no jardim e piscina.

Pousada Rosa dos Ventos
Al. Das Estrelas, Praça dos Namorados, 56 – Mata de São João
Praia do Forte – BA
(71) 3676-1271
www.pousadarosadosventos.com
Café da manhã

Pousada simples, decorada com bom gosto usando elementos regionais. Tem piscina e fica a 150 metros da praia. Oferece um lanche da tarde como cortesia.

Tivoli Ecoresort Praia do Forte
Av. do Farol, s/n – Mata de São João
Praia do Forte – BA
(71) 3676-4000
www.tivolihotels.com
Meia pensão

Uma das opções mais sofisticadas da Praia do Forte. Embora não tenha todas as refeições incluídas, é um resort completo, com recreação no kids club e copa baby.

Iberostar Bahia e Iberostar Praia do Forte
Rodovia BA 099, km 56
Praia do Forte – BA
(71) 3676-4200
www.iberostar.com
Resort all inclusive

Estes dois resorts são muito populares, por serem completos e também por estarem em uma das praias mais queridas. Os dois ficam um ao lado do outro e têm praticamente a mesma estrutura e muitas áreas em comum. Recreação, piscinas, restaurantes de vários estilos, copa baby, clube infantil e diversas atividades e esportes. Há transfers diários para o centrinho da Praia do Forte.

Grand Palladium Imbassaí Resort & Spa
Rodovia BA 099, Km 65,
Linha Verde – Condomínio Reserva Imbassaí
Imbassaí – BA
(71) 3642-7272
www.palladiumhotelgroup.com
Resort all inclusive

Muito próximo à Praia do Forte, em Imbassaí. Resort completo com recreação, Mini Club, Teen Club e diversos estilos de restaurantes.

Costa do Sauípe
Rodovia BA 099, km 76
Costa do Sauípe - BA
www.costadosauipe.com.br
Resort all inclusive

Um dos primeiros resorts do Brasil. Várias piscinas, kids club, recreação e quadras poliesportivas. Destaque para a Vila, com casinhas coloridas, inspiradas nos vilarejos baianos, com diversos bares e restaurantes.

5 Dicas da Bahia

LIVI SOUZA
www.baianosnopolonorte.com

1. Boipeba é um pedaço de paraíso logo ao sul de Morro de São Paulo. Com praias calmas e cristalinas é um destino ideal para ir com crianças.

2. Em Mangue Seco, não deixe de fazer o passeio de buggy e parar no skibunda pra descer a duna sentado numa prancha de madeira. Diversão garantida!

3. Mutá é uma praia fora da rota turística que dá para fazer num bate-volta a partir da ilha de Itaparica. Ela tem água morna, é praticamente sem ondas e tem aquele ar de cidade do interior.

4. A principal atração de Imbassaí é a foz do rio, não a praia. As barracas servem à beira d'água e as crianças podem brincar tranquilamente.

5. A bela praia de Santo Antonio, em Diogo, é ideal para os que procuram sossego. Use o acesso para carros na Linha Verde ao invés de ir pelas dunas.

RESTAURANTES DA COSTA DOS COQUEIROS

Terra Brasil
Praia do Forte e Imbassaí
Al. do Sol, 512
Praia do Forte – BA
(71) 3676-1705 ou
Al. dos Cajueiros, Quadra 1, Lote 16
Imbassaí – BA
(71) 3677-1276

Restaurantes charmosos, com comida regional de qualidade. O de Imbassaí tem uma área externa onde as crianças podem brincar.

Jerimum Café e Nega Fulô Pizzaria
Alameda das Amendoeiras, s/n
Imbassaí – BA
(71) 3677-1019

Boa opção para o jantar. A pizza é muito gostosa. Ambiente simpático, charmoso e descontraído. Música ao vivo em algumas noites.

Caçua
Rua Aurora, s/n
Praia do Forte – BA
(71) 3676-1345

Rústico e bem pequeno. Excelente comida regional.

Risoteria
Al. do Sol, 512
Praia do Forte – BA
(71) 3676-1705

Um clássico na Praia do Forte. Diversos tipos de risoto, além de grelhados e frutos do mar.

Doce Gelato Sorveteria
Alameda da Felicidade, s/n
Praia do Forte – BA

Uma das ótimas sorveterias. Variedade de sabores.

Barraca da Teka
Praia Papa Gente

Barraca de praia pequena, mas tem até champanhe.

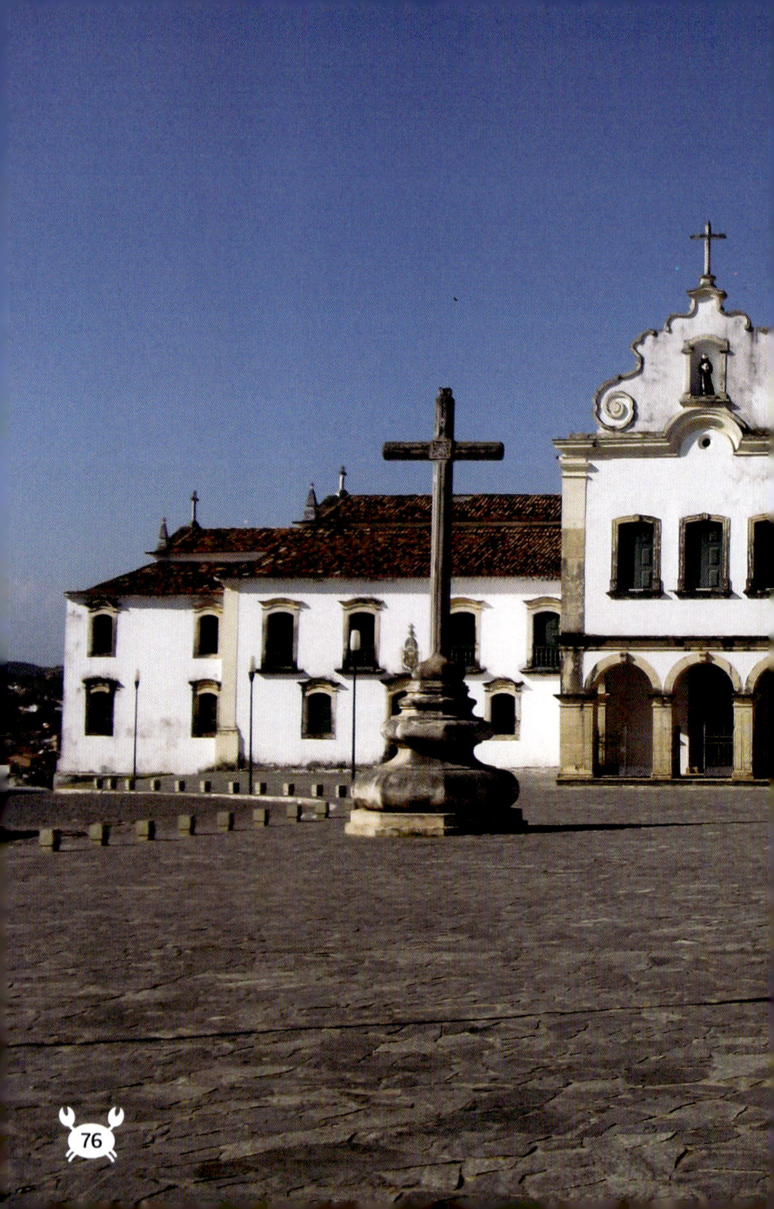

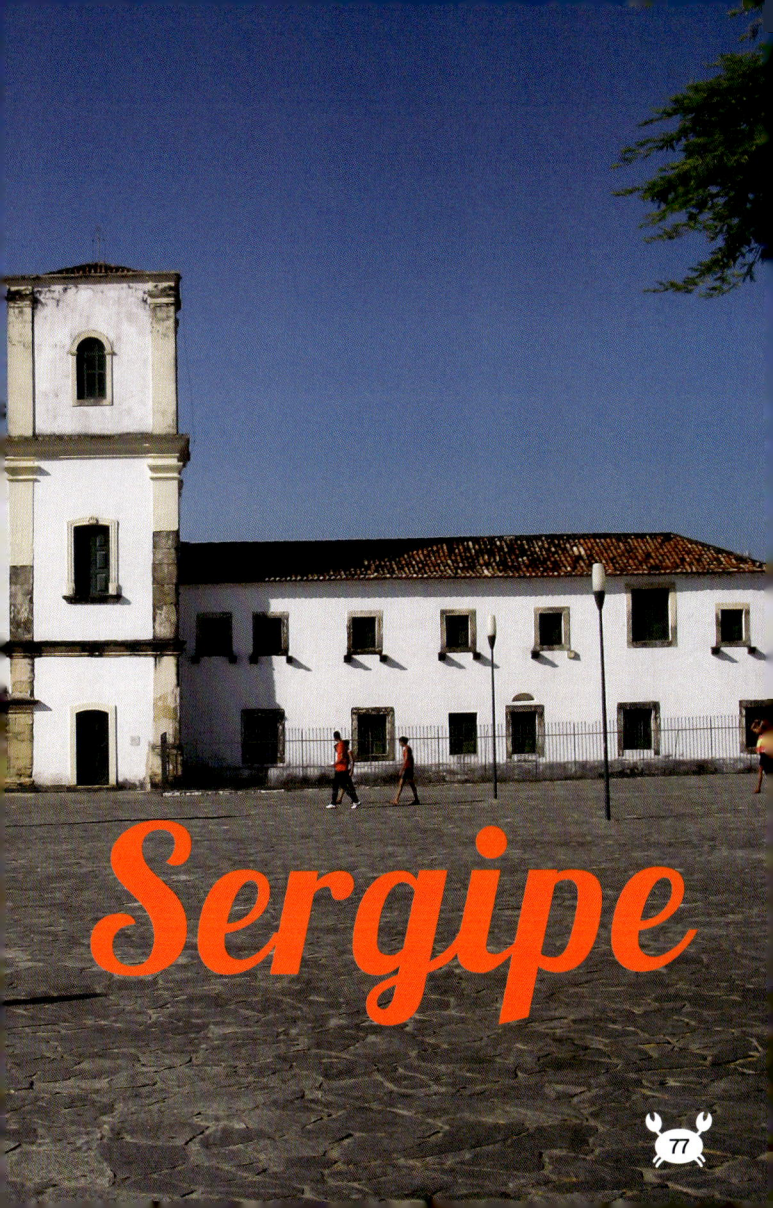

Sergipe

77

Aracaju, Sergipe

Sergipe

O **Sergipe** tem uma das menores faixas de litoral entre os estados do Nordeste, dividida em litoral sul e litoral norte, com a capital, **Aracaju**, no meio. A cor do mar é clara, mas, em geral, não tem os mesmos tons azul-esverdeados dos estados vizinhos. **Aracaju** é um destino muito bacana para ir em família. Um dos destaques da culinária é o caranguejo, que está presente em quase todos os cardápios. A estrada que liga o norte da **Bahia** ao sul de **Alagoas** é boa. Uma das atrações turísticas mais divertidas e tradicionais é a Festa Junina, o Forró Caju, que movimenta a cidade no mês de junho.

5 DICAS TOP DO
Sergipe

1. O Projeto Tamar, em Pirambu, não é estruturado como o da Praia do Forte, mas é muito interessante; é possível ver as pequenas tartarugas e o local de desova.

2. Depois de passear no Mercado Municipal de Aracaju aproveite para almoçar por lá mesmo.

3. O Oceanário na orla de Aracaju é uma das grandes atrações da capital e fica em uma região bem central.

4. Jantar na Passarela do Caranguejo (é o lugar!) é obrigatório. Os restaurantes ficam um ao lado do outro e são superanimados.

5. Conhecer a praça histórica de São Cristóvão, cidade próxima à capital.

Sergipe

Litoral Sul

As praias do litoral sul de Sergipe são muito tranquilas e o mar tem uma temperatura deliciosa. Os destaques são as praias do Mosqueiro, do Saco, com suas dunas, e dos Náufragos. Caueira é muito frequentada e tem calçadão e barracas, mas o mar é agitado e mais escuro. São boas para fazer uma pausa para quem está de carro entre o norte da Bahia e Aracaju.

Litoral Norte

O destaque do litoral norte para quem está viajando em família é o Projeto Tamar, em Pirambu, a 80 km de Aracaju, onde é possível ver o local da desova das tartarugas marinhas. Embora seja bem mais simples do que o Projeto Tamar na Praia do Forte, o passeio é muito bacana e instrutivo. Foi lá a primeira base do Projeto no Brasil.

De passagem por Aracaju

A cidade é tranquila. É menor, tem menos trânsito e menos estresse que a maioria das outras capitais nordestinas. A orla de Atalaia (a praia principal) foi revitalizada, está iluminada, colorida e tem diversas quadras e playgrounds para as crianças. O principal e mais completo é o Maravilhoso Mundo das Crianças.

A principal atração para os pequenos é o Oceanário (espaço do Projeto Tamar) que fica na orla. Ele é pequeno, mas há animais muito impressionantes como tartarugas marinhas gigantes, arraias, tubarões, além de aquários com diversos peixes. Muito próximo fica o Centro de Cultura e Arte, onde é possível comprar artesanato local.

Oceanário de Aracaju
Av. Santos Dumont, 1010 – Orla de Atalaia
(79) 3243-3214
Diariamente das 9:00 às 21:00
www.tamar.org.br

Outro programa imperdível é o Mercado Municipal, com artesanato local e literatura de cordel. No segundo andar fica o restaurante Caçarola. Vale

Sergipe

a pena comer lá. Na Passarela do Caranguejo se concentram grande parte dos restaurantes e barzinhos, onde o prato principal é o caranguejo, claro. Quase todos eles têm alguma estrutura para crianças, alguns têm cama elástica, outros têm salas de jogos, e alguns têm até bercinho.

Das praias, a mais frequentada e com mais infraestrutura é Atalaia. A Praia dos Artistas também é urbana, mas tem menos quiosques e serviços. Tem muitos surfistas por causa das ondas. As que ficam no sul de Aracaju, como Aruanã e do Refúgio, são um pouco mais tranquilas. Nelas há alguns restaurantes de praia com banheiros, lojinhas, música e playground para crianças pequenas. As mais famosas são a Com Amor Beach Bar e Parati. Ao norte, Atalaia Nova é mais selvagem e para chegar é preciso pegar a balsa.

Nos arredores de **Aracaju**, fica **São Cristovão**, uma das cidades mais antigas do Brasil. A principal atração é o centro histórico, onde fica a Praça de São Francisco, declarada Patrimônio Cultural da Humanidade pela UNESCO, a Igreja e um museu com arte sacra. É um programa rápido. Não deixe de experimentar doces típicos.

Cânion do Xingó, Sergipe

Sergipe

Cânion do Xingó

O **Cânion do Xingó** fica em **Canindé do São Francisco**, na divisa dos estados de **Sergipe** e **Alagoas**. É o oitavo maior cânion do mundo e tem águas verdes.

O passeio até o cânion é feito em um catamarã e dura cerca de uma hora. As pedras avermelhadas contrastam com o verde do **Rio São Francisco**, com uma parada onde há uma estrutura de apoio e é possível mergulhar. No barco há banheiros limpos, ducha para se refrescar e uma pequena lanchonete com bebidas e salgadinhos.

Uma das maneiras de conhecê-lo é fazer uma day trip a partir de **Aracaju**. São 200 km (cerca de 3 horas de viagem). Diversas empresas de turismo fazem o passeio, que pode ser contratado na maioria dos hotéis da cidade. A partir de **Maceió** é um pouco mais longe, mas existe a opção de ficar hospedado na região. Vale a pena visitar a cidade histórica de **Piranhas** (Alagoas), e as pitorescas e autênticas **Entremontes** e **Ilha do Ferro**.

Outro passeio na região é conhecer a **Foz do Rio São Francisco**, belíssima, também na divisa dos estados.

HOTÉIS EM ARACAJU

Grande parte dos hotéis comerciais fica em Atalaia, que é a praia principal. Há outras opções estilo resort, como o Aruanã e o Prodigy Beach Resort, que ficam um pouco afastados, mas há vans que levam os hóspedes até o centro.

Radisson Hotel Aracaju
Rua Bezerra de Menezes, 40 – Atalaia
(79) 3711-3300
www.radisson.com
Café da manhã

Decoração agradável com quiosques na piscina. Fica a 500 metros do Oceanário. Quartos aconchegantes, embora o prédio não tenha tanto charme.

Aruanã Eco Praia Hotel
Rod. Inácio Barbosa, 1000, Zona de Expansão – Aruanã
(79) 2105-5200
www.novo.aruanahotel.com.br
Café da manhã

O hotel fica um pouco afastado da região central, tem um estilo menos comercial. Os apartamentos não ficam em um prédio, e sim, espalhados no jardim, com direito a aparição de saguis nos horários de menos movimento. Quartos amplos e arejados, brinquedoteca infantil, banheiro infantil à beira da piscina com fraldário, miniprivada e minipia.

Sergipe
ONDE FICAR

Quality Hotel Aracaju
Rua Delmiro Gouveia, 100 –
Coroa do Meio
(79) 2107-4350
www.atlanticahotels.com.br
Café da manhã ☕

Localizado em frente ao shopping Riomar, a 10 minutos da orla de Atalaia. Tem piscina e o restaurante Caju, com comida regional e internacional.

Aquários Praia Hotel
Av. Santos Dumond, 1.378 –
Atalaia
(79) 2107-5209
www.aquarioshotel.com.br
Café da manhã ☕

De frente para o mar, na orla de Atalaia, muito bem localizado, com estilo comercial. Tem piscina.

Mercure Aracaju Del Mar
Av. Santos Dumond, 1.500 –
Praia de Atalaia
(79) 2106-9100
www.accorhotels.com
Café da manhã ☕

O prédio tem ótima localização, em frente à orla de Atalaia, próximo ao Oceanário. Quartos confortáveis e uma piscina grande.

Prodigy Beach Resort & Convention Aracaju
Sítio Tingui, s/n – Barra dos Coqueiros
(79) 3262-9100
www.prodigyaracaju.com.br
Café da manhã ☕

Um dos poucos hotéis da região que fica na beira da praia. Está localizado na Ilha de Santa Luzia, a 5 minutos de Aracaju. Espaço kids, com piscina e quartos básicos.

HOTÉIS

RESTAURANTES EM ARACAJU

Cariri
Rua Niceu Dantas, 775 – Atalaia
(79) 3243-1379
www.cariri-se.com.br

Um dos mais tradicionais da cidade, decorado com o tema do sertão sergipano. Fica na Passarela do Caranguejo. Oferece bercinhos (que ficam ao lado das mesas) para quem está com crianças pequenas, embora a música seja alta e o ambiente animado.

Casquinha de Caranguejo
Av. Santos Dumont, 751 – Atalaia
(79) 3243-7011
www.casquinhadecaranguejo.com.br

Ambiente simples com um dos melhores caranguejos da cidade. Área infantil com brinquedos.

Sollo
Av. Inácio Barbosa, 1000 – Área de Expansão
(79) 2105-5220
www.restaurantesollo.blogspot.com.br

Restaurante um pouco mais sofisticado, tem pratos de comida regional e internacional muito bem preparados. Na frente do hotel Aruanã.

Sergipe
ONDE COMER

Caçarola
Rua José do Prado Franco, s/n
Mercado Municipal
(79) 8831-9535

Simples, mas muito saboroso, no segundo andar do Mercado Municipal. A escada até ele é toda decorada com ilustrações que remetem à arte da literatura de Cordel.

Com Amor Beach Bar
Rod. José Sarney, 13665 –
Praia do Refúgio
(79) 3227-2413

Um dos restaurantes de praia mais tradicionais fora da orla. Estrutura para passar o dia, com playground infantil.

Parati
Rua Neópolis, 135 – Siqueira Campos
(79) 3214-5572

Restaurante e bar de praia. Um dos mais famosos da região. Fica um pouco afastado da orla. Bem estruturado, com lojinha, banheiros completos, área infantil. Fica bem cheio no verão.

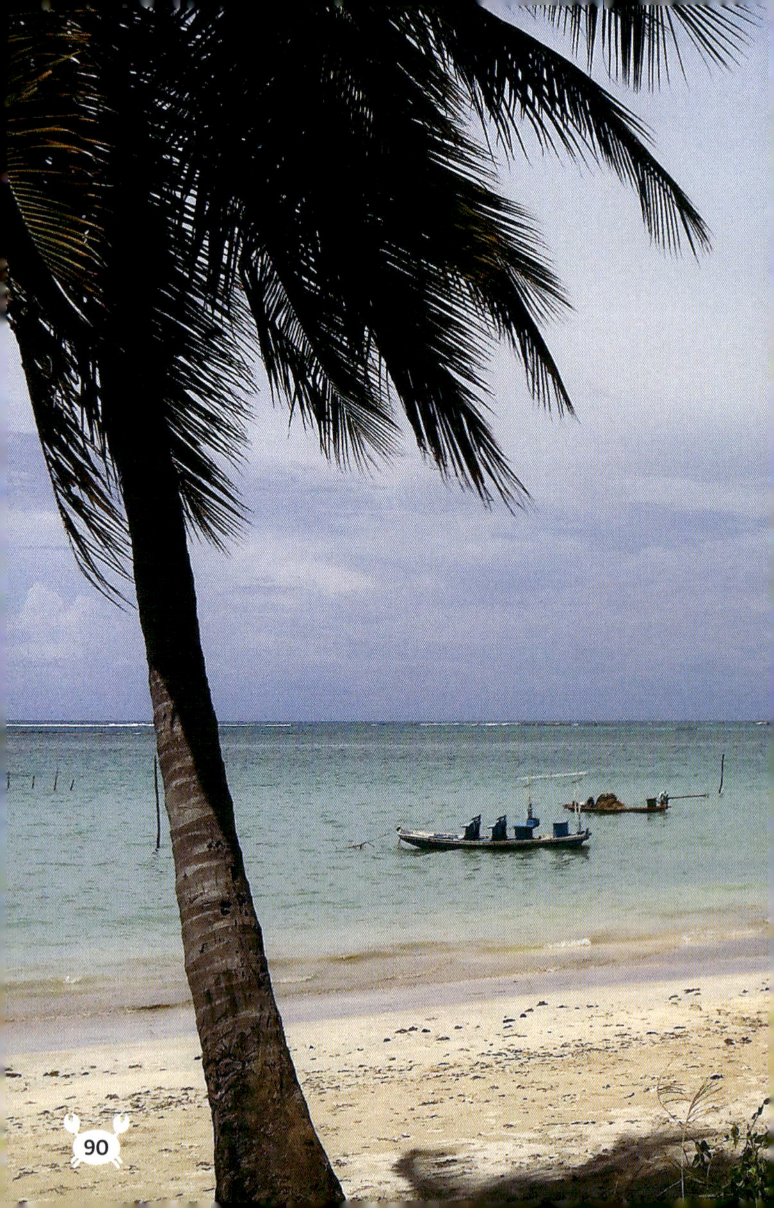

Alagoas

Praia do Toque, Alagoas

Alagoas

Sou apaixonada pelo litoral de **Alagoas**, que tem a combinação perfeita de temperatura ideal + cor do mar + areia branca + coqueiros. As praias, de norte a sul, uma após a outra, são belíssimas. Aquelas ao sul de **Maceió** são muito frequentadas por quem mora na capital por causa da proximidade. Ao norte, na Rota Ecológica, a grande atração é **Maragogi**, mas todas as praias são muito bonitas e, em geral, calmas porque são protegidas pela barreira de corais. Na maré baixa, formam-se piscinas naturais. Para quem gosta de intercalar praias com outros programas, as atrações imperdíveis são a **Foz do Rio São Francisco** e o **Cânion do Xingó** (pág. 85), ambos na divisa com o estado de Sergipe.

5 DICAS TOP DE
Alagoas

1. O visual da Praia do Gunga – uma das praias mais bonitas do Brasil.

2. A tranquilidade da Praia do Toque, com coqueiros e mar verde, que lembra uma ilha deserta.

3. O Projeto Peixe Boi, em Porto das Pedras, é feito em pequenos barcos. É possível ficar muito próximo aos animais, e durante o passeio os guias explicam sobre o projeto.

4. Mergulhar nas piscinas naturais de Maragogi.

5. Uma das melhores maneiras de conhecer as praias da região é passear de buggy.

Alagoas

Litoral Sul

⭐ PONTAL DO PEBA/PIAÇABUÇU

Base ideal para quem está interessado em conhecer a **Foz do Rio São Francisco,** que é lindíssima. Um programa imperdível com crianças é fazer um passeio nas dunas. A empresa **Farol da Foz** é especializada. Também vale a pena conhecer a cidade **Penedo** (se estiver no caminho). **Piaçabuçu** é pertinho. A propósito, sabia que Piaçabuçu é a única palavra da língua portuguesa com duas "ç"s?

Farol da Foz
Av. Ulisses Guedes, 228 – Brasília
Piaçabuçu – AL
(82) 9975-1975
www.faroldafozecoturismo.com.br

⭐ BARRA DE SÃO MIGUEL

Praia com muitas casas de veraneio. Ruas pavimentadas, mercado, peixaria, açougue, pousadas e hotéis. Muito procurada por famílias, pois não é tão agitada. No Villa Ninquin há várias opções de restaurantes e lojinhas (muitos fecham fora da temporada).

Praia do Francês, Alagoas

Alagoas

⭐ PRAIA DO GUNGA

Está sempre nas listas das praias mais bonitas do Brasil. Não tem estrutura de hotéis e pousadas. Durante o dia fica cheia de turistas que vêm passar o dia e se acomodam nos bares e restaurantes da praia. Há diversas lanchas (jangadas) que fazem passeios até os corais ou até os bancos de areia. Outro programa que as crianças adoram é alugar um quadriciclo e passear até as falésias. O visual do mirante é muito bonito.

⭐ PRAIA DO FRANCÊS

Praia muito bonita, a 20 km de Maceió, com piscinas naturais e muitos peixinhos que deixam o mar muito bom para crianças. Bastante movimentada, com barracas/restaurantes de praia com música, que ficam lotados durante o dia. Ideal para quem quer agito!

HOTÉIS NA BARRA DE SÃO MIGUEL

Brisa Mar
Rua Margarita Oiticica Lima, 38
(82) 3272-2030
www.brisamarpousada.com.br
Café da manhã ☕

Fica a 50 metros da praia, mas é possível ver o mar. Tem piscina e um pequeno parquinho infantil. Quartos acomodam famílias com 2 filhos.

Gungaporanga
Rodovia AL 220, Km 03
(82) 3015-6359
www.gungaporanga.com.br
Café da manhã ☕

Está localizado em cima das falésias com vista para a praia do Gunga. Os bangalôs charmosos estão espalhados em um jardim.

Village Barra Hotel
Rua Arnon de Mello, 65 –
Praia do Niquin
(82) 3272-1000
www.villagebarrahotel.com.br
Café da manhã ☕

O Village, um dos mais populares da região, é bem central e fica de frente para a praia. Os apartamentos têm varanda com grandes janelões para apreciar a vista.

Iloa Resort
Rodovia AL 101, Km 25 - Quadra A
(82) 3272-1115
www.resort.iloa.com.br
Meia pensão ou pensão completa ☕🍽

Resort charmoso a 30 km de Maceió, com recreação para crianças a partir de 5 anos. Transfer gratuito para a Barra de São Miguel.

Alagoas
ONDE FICAR

Kenoa Exclusive Beach Spa & Resort
Rua Escritor Jorge de Lima, 58
Barra Mar
(82) 3272-1285
www.kenoaresort.com
Café da manhã

Hotel mais sofisticado e luxuoso da região. Afastado do agito, os hóspedes têm acesso a uma área privativa da praia. Suíte familiar com 2 quartos.

Lua Pousada
Av. Moema Cavalcante, 385 – Loteamento Barra Mar
(82) 3272-1359
www.luapousada.com.br
Café da manhã

Pousada pequena e simpática, próxima da praia, com piscina e quartos com ar-condicionado.

Pousada Barra Bonita
Rua Monsenhor Hildebrando Guimarães, 39 – Loteamento Barra Mar
(82) 3272-1385
www.pousadabarrabonita.com.br
Café da manhã

Pousada simpática e colorida. Próxima da praia, com piscina e pequena quadra de tênis.

Pousada Barra Sol
Recanto dos Caetés
(82) 3272-1594
www.pousadabarrasol.com
Café da manhã

Fica a 80 metros da praia e próxima a restaurantes.

Praia do Gunga, Alagoas

LITORAL SUL

Alagoas
ONDE FICAR

HOTÉIS NA PRAIA DO FRANCÊS

Capitães de Areia Pousada
Rua Vermelha, 13
(82) 3260-1477
www.capitaesdeareia.com.br

Pequena pousada colorida a 100 metros da praia. Com serviço de bar na piscina.

Dolce Vita Flat e Pousada
Rua Mexilhão, 33
(82) 3260-1547
www.ladolcevitapousada.com
Café da manhã

Um pouco afastada da praia; o ambiente é amplo e agradável, com jardins ao redor da piscina e dos quartos.

Hotel Ponta Verde Praia do Francês
Rua das Algas, 300
(82) 3262-6100
www.hotelpontaverde.com.br
Café da manhã

Na frente das piscinas naturais da Praia do Francês. Com piscina, hidromassagem, restaurante e bar.

HOTÉIS

Duas Barra, Alagoas

RESTAURANTES DO LITORAL SUL

Karranca's Bar e Restaurante
Praia Beira Rio, 01
Canindé de São Francisco
(79) 9869-6428
www.karrancas.com.br

Na beira do Rio São Francisco; vale a pena ir para entrar no clima do rio.

Kaamo
Rua Dr. Jorge de Lima, 58 – Trapiche da Barra
Barra de São Miguel

O Kaamo é o restaurante do hotel Kenoa, um dos mais exclusivos da região. Um pouco afastado do agito.

Villa Niquin
Barra de São Miguel

Um centrinho com opções de restaurantes bem variadas: comida regional, pizzas e lanches. Fica bem cheio na alta temporada. Música ao vivo nos fins de semana.

Life Beer
Rua Edson Frazão, 7
(82) 3272-2070
Barra de São Miguel

Bar na praia, super bem localizado, com atendimento na areia e coberto.

Dona Madalena
Avenida dos Corais, 284
Praia do Francês
(82) 3260-1369

Restaurante simples, ambiente simpático e comida muito bem preparada. Cardápio de praia.

Lagoa Manguaba, Alagoas

Alagoas

De passagem por Maceió

Maceió tem bastante variedade de hotéis de grandes redes. A maioria fica de frente para o mar, na praia de Pajuçara. Há muitas opções de restaurantes também. Na beira-mar, fica o Centro de Artesanato. As piscinas naturais da praia são belíssimas. O agito fica em Ponta Verde. Em Jatiúca o mar é verde e as ondas são próprias para os campeonatos de surf. Quem prefere hotéis pé na areia, resorts ou pousadas, mas gosta de ficar próximo à estrutura da cidade, pode se hospedar em praias próximas, como Ipióca.

Excursões de 1 dia saem de Maceió com destino a praticamente todo o litoral, da Praia do Gunga a Maragogi. Um programa que vale a pena para quem quer fugir um pouco das praias é ver o pôr do sol (lá pelas 17 horas) na beira da Lagoa Manguaba, em Massagueira, onde uma antiga vila de pescadores virou um polo gastronômico, com várias opções de restaurantes simples, mas gostosos.

MACEIÓ

HOTÉIS DE MACEIÓ

Radisson Hotel Maceió
Av. Dr. Antonio Gouveia, 925
– Pajuçara
(82) 3202-4900
www.atlanticahotels.com.br
Café da manhã

Próximo à Praia de Pajuçara com piscina, sala kids, quartos com vista para o mar.

Meridiano Hotel
Travessa Dr. Antonio Gouvea, 677 – Pajuçara
(82) 3202-5000
www.meridianohotel.com.br
Café da manhã

Hotel mais sofisticado. Piscina ao ar livre com terraço, à beira-mar, na Praia de Pajuçara.

Pratagy Beach Resort
Rodovia AL 101 Norte, Km 10, Pescaria
(82) 3355-1889
www.pratagy.com.br
Resort all inclusive

O hotel está localizado a 15 minutos de Maceió, na praia Sereia de Pratagy. As cabanas são ideais para famílias. Estrutura de lazer para crianças com playground, copa baby, teatro e atividades náuticas.

Villas do Pratagy Exclusive
Rodovia AL 101 Norte, Km 10
– Riacho Doce
(82) 3355-1150
www.villasdopratagy.com.br
Café da manhã

Ambiente charmoso e cercado de verde a 500 metros da praia. Piscina com vista panorâmica. Opção de quarto família, com micro-ondas e piscina particular. Espaço kids.

Jatiúca Resort
Avenida Álvaro Otacílio, 5500
– Jatiúca
(82) 2122-2000
www.hoteljatiuca.com.br
Meia pensão

Alagoas
ONDE FICAR

Resort recém-renovado, com bastante estrutura de esportes e lazer em meio à natureza e a uma lagoa onde são praticadas diversas atividades aquáticas.

Ritz Lagoa da Anta
Av. Brigadeiro Eduardo Gomes de Britto, 546 – Lagoa da Anta
(82) 2121-4000
www.ritzlagoadaanta.com.br
Café da manhã ou meia pensão

Hotel confortável e localizado na frente da praia Lagoa da Anta e muito próximo ao centro. Tem recreação infantil (a partir de 5 anos), kids club e piscina.

Matsubara Acqua Park Hotel
Av. Brigadeiro Eduardo Gomes, 1551 – Cruz das Almas
(82) 3214-3000
www.matsubarahotel.com.br
Café da manhã

As crianças adoram o parque aquático com diversos tobogãs de vários tamanhos e lazy river. O hotel tradicional fica em frente à Praia Lagoa da Anta.

Ritz Suítes Home Service
Av. Brigadeiro Eduardo Gomes de Brito, 125 – Cruz das Almas
(82) 3312-2000
www.ritzsuites.com.br
Café da manhã

Localizado na Praia de Lagoa da Anta, entre a Ponta Verde e Pajuçara. Piscina infantil e playground. Quartos com estrutura de cozinha.

Hotel Salinas de Maceió Beach Resort
Rodovia AL 101 Norte, Km 20, s/n – Ipióca
(82) 3296-3030
www.salinas.com.br
Pensão completa

Uma grande piscina ocupa toda a área central do hotel, entre os apartamentos. Recreação e espaço kids.

Praia de Ipioca, Alagoas

RESTAURANTES EM MACEIÓ

Divina Gula
Av. Engenheiro Paulo Brandão Nogueira, 85 – Jatiúca
(82) 3235-1016
www.divinagula.com.br

Um dos mais populares. A comida é muito gostosa, espaço infantil e salinha com bercinhos para bebês.

Bodega do Sertão
Av. Julio Marquês Luz, 62 – Jatiúca
(82) 3327-4446
www.bodegadosertao.com.br

Comida regional por quilo em um ambiente que remete ao sertão alagoano, com direito a uma lojinha de artesanato na saída.

Massarela
Rua José Pontes de Magalhães, 271 – Jatiúca
(82) 3325-6000
www.massarella.com.br

Boas massas em um ambiente de cantina italiana; sempre cheio.

Picuí
Av. da Paz, 1140 – Jaraguá
(82) 3223-8080
www.picui.com.br

Carne de sol, macaxeira frita, pirão de queijo e outras delícias do chef paraibano Wanderson Medeiros.

Massaguera
Há diversos restaurantes de frutos do mar na beira da lagoa em Massaguera, escolha um para ver o pôr do sol.

Litoral Norte - Costa Dos Corais

As praias da Costa dos Corais são paradisíacas. O mar é calmo, a temperatura da água é perfeita e, na maré baixa, formam-se piscinas naturais nos corais, que ficam cheias de peixes. Muitas podem ser acessadas a pé, pertinho da arrebentação. Os coqueiros acompanham toda a costa. Há muitos hotéis, pousadas e até resorts pé na areia. A rodovia AL-101, depois de Paripueira, deixa de ser próxima ao mar, e só volta para perto da costa depois de Japaratinga. Para chegar até Barra do Camaragibe, São Miguel dos Milagres e Porto das Pedras, é preciso passar por um trecho de estrada com muitas curvas. A partir de Maragogi é possível conhecer as praias de buggy, pela areia.

Em Porto das Pedras, neste mesmo trecho, fica o Projeto Peixe Boi, que é muito legal para as crianças. A barreira de corais que acompanha o litoral, além de ser um complexo ecossistema marinho, protege a costa criando belíssimas piscinas naturais.

Alagoas

⭐ SÃO MIGUEL DOS MILAGRES E PRAIA DO TOQUE

A primeira viagem com meu filho para essa região foi quando ele tinha 3 meses. Gostamos tanto, que voltamos muitas vezes. Para mim, ela é a representação perfeita do paraíso: mar quente e verde, areia branca e coqueiros. As praias são bastante selvagens e pouco frequentadas, com algumas vilas de pescadores entre elas.

⭐ MARAGOGI E JARAPATINGA

Maragogi é a grande estrela do litoral. A fama de Caribe brasileiro vem das fotos tiradas nesta região. As piscinas naturais que se formam nos recifes são indescritíveis. As formações com os corais vão de Paripueira (em Alagoas) até Tamandaré (em Pernambuco) e são uma área de preservação ambiental com a flora e a fauna riquíssimas. As três áreas abertas à visitação (Galés, Taocas e Barra Grande) são igualmente lindas. Os passeios de jangadas até as barreiras de corais acontecem de acordo com o horário das marés e são organizados de forma que haja um rodízio entre elas.

Passear de buggy é uma boa maneira de conhecer as outras praias da região, todas são belíssimas.

HOTÉIS EM MARAGOGI

Salinas Maragogi All Inclusive Resort
Rodovia AL-101 Norte, Km 124, s/n – Maragogi
(82) 3296-3030
www.salinas.com.br
Resort all inclusive

Um dos resorts mais populares do Brasil. A recreação e as atividades acontecem por todo o hotel: na praia, nas quadras, nas piscinas e no rio que passa pelo hotel. Copa kids, Clube do Siri, carrinhos e bercinhos disponíveis para hóspedes.

Pousada Paraíso dos Coqueirais
Rodovia AL 101 Norte, Km 121, s/n – Japaratinga
(82) 3297-1101
www.paraisodoscoqueirais.com.br
Café da manhã

Uma opção menos sofisticada, a 150 metros da praia de Japaratinga. A pousada fica na frente de um lago e tem churrasqueira no jardim.

Pousada Camurim Grande
Rodovia AL 101 Norte, Km 124 – Maragogi
(82) 3296-2044
www.camurimgrande.com.br
Meia pensão

Pousada charmosa, à beira-mar. Decoração sofisticada. Atividades como stand up paddle, slack line, bicicletas e caiaques estão incluídas na diária.

Pousada Encontro das Águas
Rodovia AL 101 Norte – Praia de Peroba – Maragogi
(82) 3296-8144
www.praiaencontrodasaguas.com.br
Café da manhã

Alagoas
ONDE FICAR

O charme da pousada são os jardins e os lounges. Localizada na Praia de Peroba.

Pousada Igarakuê
Rodovia AL 101, 6000 – Barra do Boqueirão
(82) 3297-0022
www.pousadaigarakue.com
Café da manhã

Opção um pouco mais barata na região. Quartos com varanda e ar-condicionado, piscina, e próximos à praia.

Praiagogi Boutique Pousada
Rodovia AL 101, Km 124 – Praia de Camacho
(82) 3296-1206
www.praiagogi.com
Meia pensão

O café da manhã nesta simpática pousada é servido na hora que o hóspede desejar. Os ingredientes da cozinha são produzidos no local. Organiza passeios e mergulhos.

Grand Oca Maragogi
Rodovia AL 101 Norte, s/n – Ponta de Mangue
(82) 3296-3200
www.grandocamaragogiresort.com
Meia pensão

Resort localizado perto da Praia Ponta de Mangue. Os quartos são bangalôs ao redor de um jardim.

HOTÉIS

Maragogi, Alagoas

LITORAL NORTE

Alagoas
ONDE FICAR

HOTÉIS EM SÃO MIGUEL DOS MILAGRES

Pousada do Toque
Rua Felisberto de Ataíde, s/n – Povoado do Toque
(82) 3295-1127
www.pousadadotoque.com.br
Meia pensão

Poucos quartos, muito charmosos e um atendimento nota 10. A piscina fica na frente da praia. Quartos e banheiros acomodam bem famílias com filhos. Comida de qualidade, feita com capricho.

Pousada Reserva do Patachó
Praia do Patachó – Porto de Pedras
(82) 9179-8882
www.pousadareservadopatacho.com.br
Café da manhã

Pousada charmosa com estilo rústico, na frente da praia. Ideal para quem gosta de sossego.

Angá Hotel
Rua Bom Jesus, s/n
(82) 3295-1410
www.angahotel.com
Café da manhã

Hotel simpático, localizado em frente à Praia Porto da Rua com jardim e piscina. O bangalô família tem 2 quartos e uma sala com sofá-cama.

Pe

nambuco

Marco Zero, Recife, Pernambuco

Pernambuco

O litoral sul de **Pernambuco** se parece com o de **Alagoas**: barreira de corais, coqueiros e areia branca. Ou seja, perfeito para viagens em família. Uma das praias mais procuradas por turistas é **Porto de Galinhas** com suas piscinas naturais, mas eu também sou fã da **Praia dos Carneiros**, que é tão linda quanto, e bem mais deserta. A capital, **Recife**, é uma das mais antigas e maiores cidades do Nordeste. A vizinha **Olinda** é uma cidade histórica charmosíssima.

Top 5 de Pernambuco

1. As piscinas naturais nas praias.
2. A Oficina e o Instituto Brennand em Recife.
3. Comer em um restaurante da Casa Forte.
4. A igrejinha da Praia dos Carneiros.
5. O restaurante Beijupirá.

5 Dicas Porto de Galinhas e Recife

ERICA PIROS KOVACS
www.viagemcomgemeos.com

Em Porto de Galinhas

1. Fazer passeio de jangada nas piscinas naturais e alimentar os peixinhos (os jangadeiros têm a ração).

2. Tomar banho de mar em **Muro Alto**.

3. Comer agulha frita na barraca do **Oscar**.

4. Fazer o passeio dos cavalos-marinhos em **Maracaípe**.

5. Tomar paleta mexicana na **Degusta**.

Em Recife

1. Comer coxão de bode no **Entre Amigos de Boa Viagem** (que tem parquinho).

2. Tomar sorvete de frutas regionais na sorveteria **Fri Sabor**, da Avenida Domingos Ferreira.

3. Alugar um triciclo no parque Dona Lindu e passear na orla de **Boa Viagem**.

4. Participar das atividades do **Recife** antigo aos domingos.

5. Comer carne de sol no restaurante **Tio Pepe** e ver as crianças brincarem de chef de cozinha.

Pernambuco

Litoral Sul

- ★ **PORTO DE GALINHAS**
- ★ **MACARAÍPE**
- ★ **MURO ALTO**
- ★ **SERRAMBI**

Uma vila de pescadores que se tornou a estrela do litoral. **Porto de Galinhas** fica a 70 km de Recife, no município de **Ipojuca**. A grande atração são as piscinas naturais com águas supertransparentes e muitos peixinhos. Ir de jangada até os recifes é obrigatório. Tem muitos hotéis, pousadas de diversos estilos e muita gente, especialmente no verão e na alta temporada. Alguns dos resorts e hotéis não ficam exatamente em **Porto de Galinhas**, mas nos arredores, em **Jaboatão dos Guararapes**, **Barra de Sirinhaem**, **Serrambi** (onde fica o projeto Hippocampus de preservação dos cavalos-marinhos), **Muro Alto**, **Maracaípe** (boas ondas para surf) e **Cabo de Santo Agostinho**. Uma boa maneira de conhecer as praias da região é fazer um passeio de buggy. Quem tiver mais tempo pode ir de catamarã até a **Praia de Carneiros**. O aeroporto de **Recife** fica a 50 km e o acesso é fácil.

Praia dos Carneiros, Pernambuco

Pernambuco

⭐ PRAIA DOS CARNEIROS E TAMANDARÉ

A **Praia dos Carneiros** é um paraíso, pouca estrutura e quase nada para fazer a não ser curtir a natureza. O mar é calmo, perfeito para crianças pequenas. Os hotéis são todos na beira da praia (e do rio, com uma água muito limpa e clara). Quem não quiser caminhar de uma ponta à outra, tem a opção de ir de barco. Quando a maré está bem baixa, formam-se bancos de areia enormes. Quem preferir água doce, pode fazer um paseio de barco nas águas do rio. **Tamandaré**, logo ao lado, tem ruas pavimentadas, mercados e farmácias.

HOTÉIS EM PORTO DE GALINHAS E ARREDORES

Beach Class Resort Muro Alto
Lote 5, Gleba Merepe C, s/n
Praia Muro Alto
Ipojuca – PE
(81) 3081-9300
www.beachclassresort.com.br
Meia pensão

Fica na praia, com restaurante e bares, além de copa 24 horas. Uma piscina enorme, entre os apartamentos e chalés do hotel.

Enotel Acqua Club
Rodovia PE 09, s/n –
Porto de Galinhas
Ipojuca - PE
(81) 3552-5500
www.enotelacquaclub.com.br
Resort all inclusive

Localizado na beira da praia de Porto de Galinhas, este hotel tem um Parque Aquático com rio lento, piscina com ondas e brinquedos aquáticos. Recreação infantil e adulta.

Grand Mercure Summerville
ResortRodovia PE 09, s/n –
Praia de Muro Alto
Ipojuca – PE
(81) 3302-5555
www.grandmercure.com.br
Meia pensão

É um dos mais procurados da região, estrutura completa com kids club, piscinas, recreação. Todos os apartamentos têm vista para o mar. Fica à beira-mar, em frente a um local com piscinas naturais.

Vila Galé Eco Resort do Cabo
Av. Beira Mar, 750 – Vila de Suape
Cabo de Santo Agostinho – PE
(81) 3527-7000
www.vilagale.com
Resort all inclusive

Fica na beira da Praia de Suape, com recreação, kids

Pernambuco
ONDE FICAR

club e vários restaurantes. Esportes náuticos e no rio.

Nannai Resort & Spa
Rodovia PE 09, Km 3, s/n – Porto de Galinhas
Ipojuca – PE
(81) 3552-0100
www.nannaibeachresort.com.br
Meia pensão 🍵🍽️🦀🍹

Um dos resorts mais estilosos do Brasil. Muitos quartos ficam em palafitas no mar.

> **HOTÉIS NA PRAIA DOS CARNEIROS**

Pousada Sítio da Prainha
(81) 3676-1681
www.sitiodaprainha.com.br
Meia pensão 🍵🍽️

Bangalôs e apartamentos na entrada do rio Formoso. Muitos coqueiros e um gramado delicioso para as crianças brincarem. Serviço de bar na praia. Piscina infantil e adulta e um pequeno playground.

Pontal dos Carneiros Beach Bangalow
Sítio dos Manguinhos, 5
(81) 3676-2365
www.pontaldoscarneiros.com.br
Café da manhã 🍵

Fica em frente às piscinas naturais. O ambiente é muito charmoso e os bangalôs são muito bem decorados. Não tem piscina.

Pousada Praia dos Carneiros
Via Litorânea dos Carneiros, s/n
(81) 3676-1342
www.pousadapraiadoscarneiros.com.br
Meia pensão 🍵🍽️

Situado na beira-mar, entre a igrejinha e as piscinas naturais. Serviço na piscina e na beira da praia (o restaurante Akirandá é aberto ao público).

Aluguel de casas e sítios à beira-mar
(81) 9952-8812 e (81) 9272-1757.

RESTAURANTES EM PORTO DE GALINHAS E ARREDORES

Barcaxeira
Rua da Esperança, 458 –
Porto de Galinhas
Ipojuca – PE
(81) 3552-1913
www.barcaxeira.com.br

Ambiente colorido e divertido. Pratos deliciosos e bem servidos. Ótima localização.

Cabidela da Natália
Loteamento Porto do Sol, Q L
Praia do Cupe – Porto de Galinhas
Ipojuca – PE
(81) 3552-2577

Comida caseira e ótimo atendimento. Ambiente simples e cardápio variado. Porções bem servidas.

Café da Moeda
Rua das Piscinas Naturais,
s/n – Galeria Htur
Porto de Galinhas – Ipojuca
– PE
(81) 9869-2244

Ótimas opções de café e muito bom gosto nos detalhes. Serve também tapioca, sanduíches e salgados.

La Crêperie
Rua Beijupirá, s/n – Porto de Galinhas
(81) 3552-1831
www.lacreperie-pe.com.br

Deliciosos crepes doces e salgados de diversos sabores, saladas e opções para celíacos e veganos.

Pernambuco
ONDE COMER

La Tratoria
Rua dos Navegantes, 81
Porto de Galinhas
Ipojuca – PE
(81) 3552-2684

Cantina italiana para quem quer dar um intervalo nos pratos regionais. Ambiente agradável e bom atendimento.

Laricão
Av. Beira-Mar
Praia de Maracaípe
Ipojuca – PE
(81) 9752-6693

Opção barata na região, com cardápio balanceado que agrada os esportistas.

Mangi Qua
Rua das Piscinas Naturais, s/n - Porto de Galinhas
(81) 3552-1778

Ótima opção de pizza com massa fina e crocante, feita no forno a lenha.

Munganga Bistrô
Av. Beira Mar, 32 – Porto de Galinhas
Ipojuca – PE
(81) 3552-2480

Ambiente agradável, na frente da praia. Pratos bonitos, um dos destaques é o Camarão Thai. O prato da Boa Lembrança é a Lagosta Muro Alto.

RESTAURANTES NA PRAIA DOS CARNEIROS

Arikindá
Via Litorânea dos Carneiros, s/n
(81) 3676-1342
www.pousadapraiadoscarneiros.com.br

Vizinho ao Bora Bora, é o restaurante da Pousada dos Carneiros, aberto ao público. Um pouco menos concorrido.

Bar do Mangue
Entre a Praia de Carneiros e Guadalupe, perto do Píer
Só aceita dinheiro

Um local rústico e pitoresco. Só é possível chegar de barco. Caranguejo pescado e feito na hora. É possível levar sua própria bebida.

Beijupirá
Sítio dos Manguinhos, Km 7
(81) 3676-1461
www.beijupira.com.br

O melhor restaurante da região. Fica ao lado do hotel Pontal dos Carneiros.

Bora Bora
Praia dos Carneiros
(81) 3676-1482 / (81) 99164-0673
www.bbcarneiros.com.br

A barraca de praia/restaurante mais concorrida da região. É preciso chegar cedo para conseguir lugar. Cardápio bem completo. Consumação mínima na alta temporada. Funciona como base para quem quer passar o dia na Praia dos Carneiros.

Mustako
Beira-Mar de Carneiros
(81) 8528-2205 / (81) 9373-2104

Mesmo estilo das dicas anteriores. Dos três, ele é o menos turístico e o mais barato.

5
DICAS TOP DA
Praia de Carneiros

1. Comer no Beijupirá, que fica na frente das piscinas naturais e tem um cardápio delicioso.

2. Fazer um passeio no mangue e comer caranguejo em uma tapera rústica.

3. Tomar banho no rio que tem a água clara e morna.

4. Passear nos bancos de areia que parecem não ter fim quando a maré está baixa.

5. As piscinas naturais cheias de peixinhos que se formam em frente aos restaurantes.

De passagem por Recife

A capital fica praticamente no meio do litoral. O centro histórico de Recife foi revitalizado recentemente. É lá que fica o Marco Zero, um programa bacana para fazer com as crianças. Em frente ficam o Centro de Artesanato de Pernambuco (que tem uma ótima curadoria de imagens, peças e lembranças) e o Parque das Esculturas do Brennand, memorial com esculturas do artista, que pode ser visitado em um passeio curto de barquinho.

Boa Viagem, a praia principal, é muito bonita e tem muita infraestrutura, com quiosques e banheiros públicos. As placas com símbolos de tubarões lembram que não é permitido mergulhar por ali depois da barreira de corais. É uma praia bem urbana.

Para quem tem mais tempo, vale a pena conhecer a região onde fica a Praça de Casa Forte, que tem paisagismo do Burle Marx. Há ótimos restaurantes na região.

Pernambuco

Olinda

Olinda é Patrimônio Histórico e Cultural da Humanidade. O centro histórico é cheio de casarões coloniais, pousadas charmosas, restaurantezinhos simpáticos e muitas ladeiras. A vista de lá é muito bonita, mas pode não ser um programa muito tranquilo para bebês ou crianças pequenas, principalmente em dias de calor, já que vão pedir colo.

Litoral Norte

O litoral norte não é tão famoso e nem tão badalado quanto o sul. Nele se destacam a Praia de Maria Farinha, onde fica o Veneza Water Park – um parque aquático, a praia de Paulista e a Ilha de Itamaracá.

Oficina e Instituto Brennand

Conhecer a Oficina e o Instituto Brennand, nos arredores de Recife, é um programa muito legal em família. Os dois espaços, que são bem diferentes entre si, ficam relativamente perto um do outro. A Oficina é uma mistura de ateliê e local de exposição do artista Fernando Brennand. As obras são muito interessantes e o espaço é incrível, cheio de esculturas no jardim. O restaurante é muito gostoso. O Instituto Ricardo Brennand é uma espécie de museu, com algumas obras importantes e algumas coleções. Já na entrada, uma réplica de um castelo inglês chama atenção. Os acervos que mais encantam as crianças são os de armas brancas e armaduras.

133

HOTÉIS DE RECIFE

De forma geral, os hotéis que ficam na Praia de Boa Viagem são bem localizados. Para quem procura um lugar um pouco mais econômico, há opções na Praia Piedade, um pouco mais afastada do centro e do aeroporto.

Beach Class Suíte Recife
Av. Boa Viagem, 1906 –
Boa Viagem
(81) 2121-2626
www.atlanticahotels.com.br
Café da manhã

Bem localizado e prático. Tem piscina e alguns quartos com uma cama de casal e uma cama de solteiro.

HY Beach Flats
Av. Boa Viagem, 344 –
Boa Viagem
(81) 9752-7799

Quartos quádruplos, de frente para a praia. Apartamentos com mesa, micro-ondas e acessórios de cozinha.

Park Hotel
Rua dos Navegantes, 9 –
Boa Viagem
(81) 2122-4666
www.park.com.br
Café da manhã

Bom para famílias com filhos maiores, pois tem quartos com quatro camas. A uma quadra da praia, com piscina.

Navegantes Praia Hotel
Rua dos Navegantes, 1997 –
Boa Viagem
(81) 3326-9609
www.navegantespraiahotel.com.br
Café da manhã

Quartos quádruplos e quíntuplos. Uma quadra da praia, sem piscina.

Pernambuco
ONDE FICAR

Hotel Gran Mercure Recife Atlante Plaza
Av. Boa Viagem, 5426 – Boa Viagem
(81) 3302-3333
www.accorhotels.com
Café da manhã

Localização superprática na praia de Boa Viagem, perto do Centro Histórico, do aeroporto e de shoppings.

Hotel Golden Tulip Recife Palace
Av. Boa Viagem, 4070 – Boa Viagem
(81) 3201-8200
www.goldentulipprecifepalace.com
Café da manhã

Quartos com uma cama de casal e sofá-cama para família com filhos. Na beira da praia, com piscina.

Nobile Beach Class Executive
Av. Boa Viagem, 344 – Boa Viagem
(81) 3049-7400
www.nobilehoteis.com.br
Café da manhã

Próximo ao aeroporto (4 km) e do shopping. Localizado a 700 metros da Praia de Boa Viagem. Tem piscina e quartos com cama de casal e sofá-cama.

Hotel Barramares
Av. Beira Mar, 544 – Praia de Piedade
(81) 3312-6100
www.hotelbarramares.com.br
Café da manhã

Bem conveniente: tem piscina, possui quarto quádruplo, fica na frente da praia e é próximo ao aeroporto (4 km).

HOTÉIS

OLINDA

HOTÉIS EM OLINDA

Eco Olinda B&B
Rua Sítio das Quintas, 333
(81) 3494-8126
www.eco-olindabnb.com
Café da manhã

Opção mais simples e econômica para quem quer se hospedar em Olinda. Cuidado simpático na decoração e nos detalhes. Fica a 800 metros do Centro Histórico.

Hotel 7 Colinas
Trav. São Francisco, 307 – Carmo
(81) 3493-7766
www.hotel7colinas.com.br
Café da manhã

Um dos diferenciais do hotel é o grande jardim onde fica o hotel. As acomodações são amplas e o café da manhã é servido em uma varanda. Fica ao lado do Convento de São Francisco.

Pousada do Amparo
Rua do Amparo, 199
(81) 3439-1749
www.pousadadoamparo.com.br
Café da manhã

Uma das mais famosas de Olinda, fica no miolinho dos ateliês e restaurantes. Faz parte do Roteiros de Charme. Os quartos são decorados com muitas cores e criatividade e são todos diferentes uns dos outros. No jardim há uma pequena piscina. Tem opção de quarto quádruplo.

Olinda, Pernambuco

RESTAURANTES EM RECIFE

Bistrô & Boteco
Av. Alfredo Lisboa, Armazém 11 – Loja 234
(81) 3224-4992
Centro Histórico

Um restaurante simpático e prático, com bufê no almoço. Fica logo atrás do Centro de Artesanato.

Nez Bistrô
Praça de Casa Forte, 314 – Casa Forte
(81) 3441-7873
www.nezbistro.com.br

Ambiente mais sofisticado, comida muito boa, com menu kids.

No Quintal Café Bistrô
Rua Dr. Seixas, 48 – Poço da Panela
(81) 3097-3042

Muito cuidado em todos os detalhes, nos pratos e na decoração. Espaço infantil (com programação no fim de semana) e comidinhas muito fofas!

Entre Amigos
Av. Boa Viagem, 760
Recife
(81) 3127-2510

Bom local para almoçar em Boa Viagem. Fica na frente da praia. Cardápio variado com muitos itens da culinária regional.

Pernambuco
ONDE COMER

RESTAURANTES EM OLINDA

Beijupirá
Rua Saldanha Marinho, s/n – Alto da Sé
(81) 3439-6691
www.beijupiraolinda.com.br

A famosa rede também tem sua filial em Olinda. Pratos da culinária regional, peixes e frutos do mar são uma unanimidade, mas a vista deste é especial! O clima do restaurante, à noite, é um pouco mais romântico.

Oficina do Sabor
Rua do Amparo, 335 – Cidade Alta
(81) 3429-3331
www.oficinadosabor.com

Um dos clássicos de Olinda, existe há mais de duas décadas. Comida regional. Ambiente descontraído e colorido, com área externa com uma vista linda de Recife.

Baía do Sancho,
Fernando de Noronha,
Pernambuco

Pernambuco

Fernando de Noronha

O arquipélago de Fernando de Noronha é dos lugares mais lindos do planeta. Uma área protegida, com número limitado de turistas por dia, poucas ruas pavimentadas e preços bem altinhos. É preciso pagar uma taxa de conservação e uma taxa para algumas das trilhas. É possível pagar esta taxa pela internet, o que agiliza o agendamento da visita de algumas praias mais concorridas. A maioria das praias tem acesso complicado, com trilhas ou estradas de terra. A maneira mais prática de circular é de buggy. É um cenário inesquecível. Fui com meu filho quando ele tinha apenas 1 ano e aproveitei muito, mas sei que ir a Noronha com crianças requer espírito de aventura.

As baías do Sancho e dos Porcos estão sempre entre os primeiros lugares nas listas de praias mais bonitas do Brasil. O centrinho, onde há alguns serviços básicos (como banco, mercado e correios) e o forró, fica na Vila dos Remédios. A Praia dos Cachorros fica ali.

Os Morros Dois Irmãos, cartão-postal de Fernando de Noronha, podem ser vistos de diversos pontos da Ilha, como da Cacimba do Padre, uma das praias de fácil acesso, pois é possível estacionar bem na frente.

HOTÉIS EM FERNANDO DE NORONHA

Flamboyant Residence
Rua São Miguel, 638
Vila dos Remédios
(81) 3208-3203
www.flamboyantresidence.com.br
Café da manhã

A pousada com clima de casa é cheia de cuidados com a ecologia, como chuveiros alimentados pela energia solar. Fica próxima às praias do Cachorro e da Conceição. Tem quarto família de 2 andares.

Pousada da Germana
Vila dos Remédios
(81) 3619-0438
Café da manhã

O charme da pousada é a área verde. Quartos simples (duplos, triplos e quádruplos) e localização central, na Vila dos Remédios.

Pousada Zé Maria
Rua Nice Cordeiro, 01 – Floresta Velha
(81) 3619-1258 / 3619-1819
www.pousadazemaria.com.br
Café da manhã

Uma das mais tradicionais. A piscina tem uma das mais belas vistas da ilha. Aconchegante e elegante. Os bangalôs acomodam até 4 ou 5 pessoas.

Pernambuco
ONDE FICAR

Pousada Sueste
Rodovia BR 363, 42 – Sueste
(81) 3619-1164
www.pousadasueste.com.br
Café da manhã

Pousada simples com piscina que fica a 10 minutos a pé da Baía do Sueste e a 400 metros do aeroporto.

Pousada Capim Açu
Alameda do Sol Nascente, 537
(81) 9714-3262
www.pousadacapimacu.com.br
Café da manhã

Pousada simples, com café da manhã e estrutura de madeira. O quarto quádruplo acomoda bem uma família e tem uma varanda com vista para o mar.

Pousada Maravilha
Vila Do Quem Sabe - S/N - BR 363
Baia do Sueste
www.pousadamaravilha.com.br
Café da manhã

Uma das mais conhecidas, luxuosas e confortáveis da ilha. Fica bem pertinho da praia do Sueste. São poucos quartos (alguns são bangalôs).

HOTÉIS

5
DICAS TOP DE
Fernando de Noronha

1. As praias mais lindas do mundo!

2. Mergulho ou plana sub (mergulho com uma prancha puxada por um barco).

3. Ver os golfinhos na Baía dos Golfinhos.

4. Ver o pôr do sol da laje do Boldró.

5. As centenas de tartarugas marinhas gigantes na Baía do Sueste.

Pernambuco

RESTAURANTES EM FERNANDO DE NORONHA

Empório São Miguel
Rua São Miguel – Bosque Flamboyant

Opção prática e básica de buffet por quilo, é uma boa opção um pouco mais econômica para o almoço.

Teju-Açu
Estrada da Alamoa, s/n – Boldró
(81) 3619-1277
www.pousadateju.com.br

Fica na Pousada Teju-Açu. Opção de gastronomia mais sofisticada.

Mergulhão
Praia do Porto, s/n
(81) 3619-0215

Restaurante e bistrô em localização privilegiada. Ideal para o fim de tarde. Quiosques ficam em meio a um gramado (ótimo para crianças).

Corveta
Rua de São Miguel 342 – Vila dos Remédios
(81) 3619-1284

Além de peixes, o cardápio tem também carnes. Moderno e um dos mais novos da ilha. O capricho nos detalhes se reflete nos valores. Fica próximo ao centro.

Varanda
Rua Major Costa, 130 – Vila do Trinta
(81) 3619-1546
www.restaurantevarandanoronha.com.br

Ótimos frutos do mar. Ambiente gostoso, com destaque para a varanda. Preço razoável para o padrão da ilha.

Restaurante Du Mar
Alameda do Boldró
(81) 3619-0432
www.restaurantedumar.com.br

O carro-chefe são as moquecas. Oferecem transfer de qualquer lugar da ilha.

146

Paraíba

Tabatinga, Paraíba

Paraíba

O litoral da **Paraíba** é pequeno, tem muitas falésias coloridas e a cor do mar é predominantemente verde. Faz calor o ano inteiro. A maré, as fases da lua, as estações do ano e o vento influenciam muito na cor da água. O mar fica mais bonito e calmo no verão. O sol nasce muito cedo e se põe cedo também. É um litoral muito menos explorado que os vizinhos, então, os preços de hospedagem e alimentação, de forma geral, são mais baixos.

5
DICAS TOP DA
Paraíba

1. A vista de cima das falésias no litoral sul.
2. O restaurante Canyon na praia de Coqueirinho.
3. Assistir ao pôr do sol na Praia do Jacaré.
4. O Projeto Peixe Boi, na Barra de Mamanguape.
5. Passeio de buggy até a Lagoa Encantada.

Paraíba

Litoral Sul - Costa do Conde

- ⭐ TAMBABA
- ⭐ COQUEIRINHO
- ⭐ TABATINGA
- ⭐ CARAPIBUS
- ⭐ JACUMÃ
- ⭐ PRAIA DO AMOR

As praias têm falésias vermelhas e amareladas, coqueiros e areia branquinha. Muitas delas são quase desertas. Em alguns pontos há restaurantes e barracas de praia com algumas vilas de pescadores, não muito charmosas, e barquinhos compondo o cenário. Do alto das falésias o visual é lindo! Um dos destaques é para a Praia dos Coqueirinhos. Quem prefere ficar um pouco afastado da concentração do agito pode ir em direção ao Restaurante Canyon. Na alta temporada, há trânsito na entrada de algumas praias. Na maré baixa, há algumas piscinas naturais. A Praia de Tambaba é uma famosa praia de nudismo, mas há uma pequena área reservada para famílias. O acesso a partir do aeroporto de João Pessoa é fácil.

LITORAL SUL

HOTÉIS NO LITORAL SUL

Mussulo Resort by Mantra
Loteamento Cidade Balneário Novo Mundo, s/n
Lote 01, Q Z 33 – Praia de Carapibus
Conde – PB
www.mussulobymantra.com.br
Resort all inclusive 😋🍹🍧

Resort completo, com recreação e kids club. Fica a 2 km da praia, mas tem transfer com beach club exclusivo na areia.

Nord Luxxor Tabatinga
Rua Tabatinga, s/n – Centro
Conde – PB
(83) 3290-1629
www.nordhoteis.com.br
Café da manhã ☕

Abriu em 2014, instalações novas, fica na beira na praia. Tem piscina, área kids, sala de ginástica e de jogos. Piscina adulta e infantil.

Paraíba
ONDE FICAR

Pousada Aruanã
Av. Beira Mar, 2006 – Carapibus
Conde – PB
(83) 3290-1871
www.aruanapousada.com.br
Café da manhã

Uma das mais populares da região. Dois estilos de quartos: apartamentos e bangalôs (casas). Fica em frente à praia, tem uma grande piscina, espaço kids e parquinho no jardim.

Pousada da Luz
Av. Beira Mar, s/n – Carapibus
Conde – PB
(83) 3290-1779
www.pousadadaluzcarapibus.com
Café da manhã

A pequena pousada fica em um local com um visual belíssimo da praia. Ideal para quem curte natureza. Possui apartamentos família para até 5 pessoas.

Pousada Aconchego
Rua Peixe Boi, 216 – Praia Bela
(83) 99992-3879
Pitimbu – PB
www.aconchegoempraiabela.com.br
Café da manhã

Fica em Pitimbu, a 9 km da Praia de Tambaba. Simpática, com piscina.

Coqueirinho, Paraíba

Paraíba
ONDE COMER

LITORAL SUL

RESTAURANTES DO LITORAL SUL

Tropicália Restaurante
Rua Projetada, s/n – Praia de Coqueirinho
Conde – PB
(83) 8800-2365

Restaurante de praia mais popular em Coqueirinhos. Localizado em um dos pontos mais bonitos da praia, fica bem cheio em feriados e no verão. Cardápio típico de praia.

Canyon do Coqueirinho
Fazenda Praia Encantada, s/n - Coqueirinho
Conde – PB
(83) 9134-1414 / 9301-1990

Estrutura charmosa com playground para crianças. Fica um pouco afastado da muvuca, em um lugar muito bonito. Aceita cartão.

Igreja de São Frei Pedro Gonçalves, João Pessoa, Paraíba

Paraíba

De passagem por João Pessoa

Uma das capitais mais antigas do Brasil, João Pessoa tem um centro histórico simpático, com casas coloniais coloridas e igrejas imponentes, como a São Francisco, que pode ser visitada em um tour que dura cerca de uma hora. Com crianças, o calor deve ser levado em conta. Na Ponta dos Seixas se concentram alguns restaurantes que vale a pena conhecer. Outro destaque é o pôr do sol em Cabedelo, na Praia do Jacaré. Lembrando que é aqui onde o sol nasce primeiro no Brasil.

Litoral Norte

O litoral norte é bem pequeno, são menos de 100 km até o Rio Grande do Norte. No entanto não há uma estrada que faça este percurso pela costa. Os destaques são Lucena e a Baía da Traição. É possível chegar a Lucena pela PB 025 ou de balsa a partir de Cabedelo. A Baía da Traição é uma praia muito bonita com estrutura simples. A partir de João Pessoa o único acesso é pela BR 101. Mar agitado, porém verde. Há diversas barracas de praia.

HOTÉIS EM JOÃO PESSOA

Hotel Cabo Branco
Av. Cabo Branco, 4550
Cabo Branco
(82) 3576-4808
www.cabobrancoatlantico.com.br
Café da manhã

Situado em frente à praia de Cabo Branco, com uma piscina panorâmica no terraço.

Littoral Hotel & Flats
Av. Cabo Branco, 2172 – Cabo Branco
(83) 2106-1100
www.littoral.com.br
Café da manhã

Em frente à praia de Cabo Branco, com piscina e vista para a praia.

Pousada Casa Branca
Avenida Olinda, 155 – Tambaú
(83) 3021-4379
www.pousdacasabranca.com
Café da manhã

Pousada pequena, com instalações novas. Possui quarto para família. Próximo à praia.

Pousada Casa di Romeo & Giulietta
Rua Vitório Cardoso, 1046 – Loteamento Intermares
(83) 3567-5414
Café da manhã

Uma opção mais alternativa, charmosa. É uma casa que virou pousada. Decoração simpática e iluminada.

Paraíba
ONDE FICAR

Quality Hotel SolMar
Av. Cabo Branco, 2870 – Cabo Branco
(83) 3041-7000
www.hotelsolmar.com.br

Piscina panorâmica e acomodações à beira-mar. Possui suítes família.

Tropical Tambaú
Av. Almirante Tamandaré, 229 – Tambaú
(83) 2107-1900
www.tropicaltambau.com.br
Café da manhã

Hotel turístico completo, grande, com jardins, quadras poliesportivas e playground infantil. Piscina central.

HOTÉIS NO LITORAL NORTE

Pousada na Beira do Mar
Rua José Bezerra Falcão, 1551 – Baia da Traição
(83) 3296-1675
www.pousadanabeiradomar.com
Café da manhã

Pousada que lembra uma casa de praia, com instalações novas, uma pequena piscina. O portão abre direto para a areia. Ambiente muito tranquilo.

Costa Brava Praia Resort
Rua Ângelo Custódio da Cruz Fagundes, 580
Praia de Fagundes - Lucena
(83) 3293-1001
www.costabravapraiaresort.com.br
Café da manhã

O hotel fica na frente da praia, com piscina entre o prédio e a areia. Opção de apartamento de 2 quartos e estrutura de cozinha.

Baía da Traição, Paraíba

RESTAURANTES EM JOÃO PESSOA

Peixada do Kiko
Praia do Seixas – Clube dos Engenheiros
(83) 9662-3129 / 8666-4633

Ambiente simples em frente à praia, com ótimas opções de frutos do mar.

Estaleiro Restaurante
Rua dos Camarões, 95 - Praia do Seixas
(83) 3251-1142

Um dos mais procurados da Ponta dos Seixas. Ambiente simples, cardápio com peixes e frutos do mar e porções bem servidas. No jardim há um pequeno playground.

Restaurante Peixada do Amor
Rua Maceió, 180 – Grotão
(83) 3251-1019

Uma peixada muito popular em um ambiente simples de mesas de plástico. O preço também é muito bom, então é preciso chegar cedo para garantir o lugar.

Mangai
Av. Gen. Edson Ramalho, 696 – Manaíra
(83) 3226-1615

Um dos mais famosos de João Pessoa! A qualidade do cardápio com comida regional e frutos do mar é uma unanimidade.

Nau Frutos do Mar
Rua Lupérico Branco, 130 Manaíra

Restaurante requintado e aconchegante que se destaca pelos pratos de frutos do mar. Um dos melhores de João Pessoa.

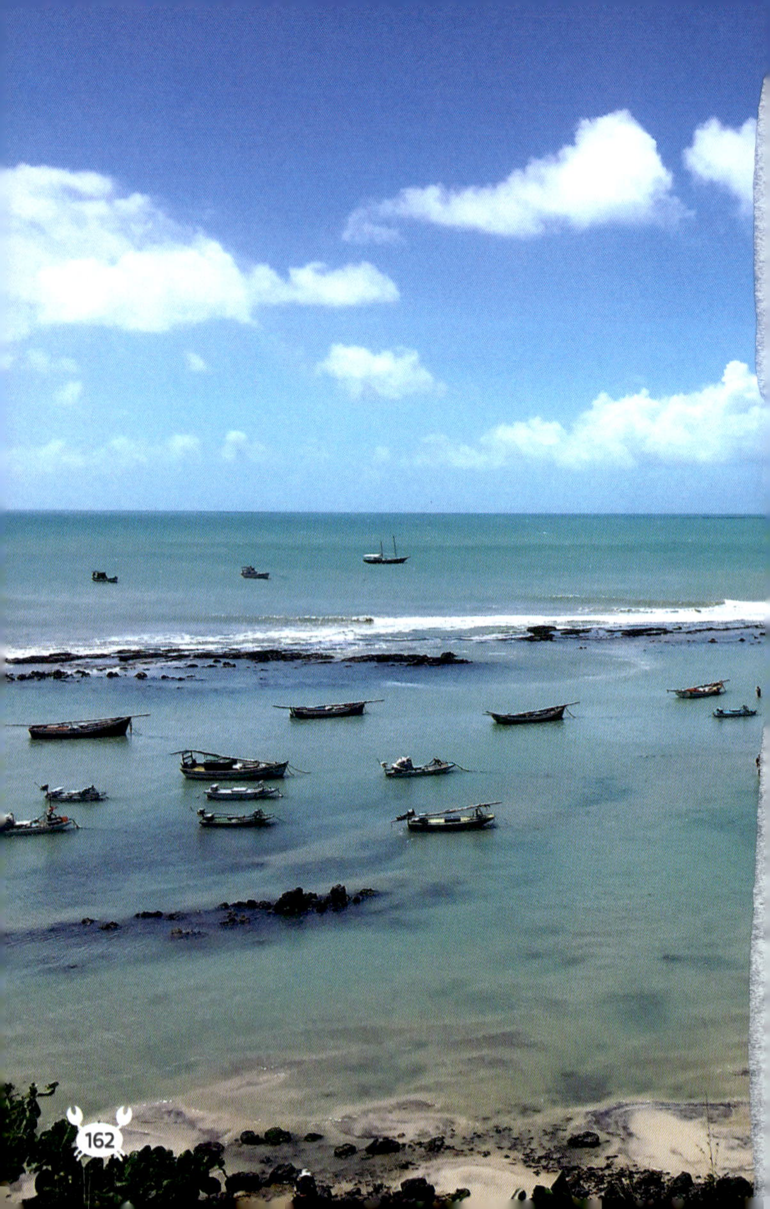

Rio Grande do Norte

Farol Parrachos, Perobas, Rio Grande do Norte

Liliane Inglez

Rio Grande do Norte

Depois que a costa do Brasil faz a curva, o clima nas praias fica ainda mais estável. Mesmo na época de chuvas, não chove muito. Na praia, o calor é amenizado por causa do vento. As praias do Rio Grande no Norte são muito boas para esportes como kitesurf, mas não deixam de ter piscinas naturais quando a maré baixa. A cor do mar é belíssima. Na divisa entre os dois estados fica a Praia do Sagi. De buggy é possível aproveitar toda a paisagem rústica da região, cheia de falésias e dunas.

Ao sul de Natal

⭐ **PIPA**
⭐ **MADEIRO**
⭐ **BAÍA DOS GOLFINHOS**
⭐ **TIBAÚ DO SUL**

Madeiro, Pipa, Baía do Golfinhos e Praia do Amor, esta localizada em Tibaú do Sul, ficam grudadas uma na outra, sendo que a Baía dos Golfinhos só é acessível por terra na maré baixa. Contudo, em todas elas é possível ver golfinhos. O acesso a partir do aeroporto é bom, grande parte feito pela BR 101, direção sul.

A praia da Pipa é uma das estrelas do litoral, com muitas pousadas charmosas, restaurantes, barracas de praia, lojas e infraestrutura (posto de saúde, farmácia, ruas pavimentadas, sinalização). A praia é muito bonita e, na maré baixa, tem muitas piscinas naturais. A cor do mar é linda e a temperatura deliciosa. Há muitos restaurantes. De forma geral os preços são mais altos do que os praticados nas praias vizinhas. Os guarda-sóis e cadeiras também são pagos. Um dos passeios muito legais é sair de lancha ou catamarã para ver os golfinhos nas praias vizinhas. O visual é lindo.

Rio Grande do Norte

Para chegar à Praia do Madeiro é preciso descer uma escada grande e rústica, um pouco mais complicada com crianças de colo e bebês. Lá embaixo há algumas barracas e restaurantes com petiscos e bebidas, escolinhas de surf e aluguel de pranchas de diversos estilos, mas não há banheiros nem estrutura específica para crianças. Na Madeiro há poucas opções de hospedagem.

Tibaú do Sul é um pouco mais alternativa e também muito charmosa. Na Lagoa Guaraíras ficam diversas pousadas e são praticados muitos esportes. O pôr do sol é uma das grandes atrações.

Um local indicado para quem gosta de praias quase intocadas é a Praia do Sagi, na Baía Formosa, já na divisa com a Paraíba. Vale a pena dar um mergulho no rio Guajú, bem na divisa entre os dois estados.

HOTÉIS AO SUL DE NATAL

Hotel Tibaú Lagoa
Av. Guaraíba, 889
Tibaú do Sul - RN
(84) 3246-4255
www.tibaulagoa.com.br
Café da manhã ☕

Chalés espaçosos e simpáticos em meio a um jardim tropical muito bonito. Fica a 800 metros da praia. Tem piscina.

Pousada Toca da Coruja
Av. Baía dos Golfinhos, 464 - Pipa
Tibaú do Sul – RN
(84) 3246-2226
www.tocadacoruja.com.br
Café da manhã ☕

A pousada fica no meio de um jardim tropical. A piscina é muito bonita e a iluminação à noite, a deixa ainda mais charmosa. Os apartamentos são bangalôs amplos com instalações sofisticadas.

Pipa Privilege
Rua Antônio Florêncio, 1339
– Pipa
Tibaú do Sul – RN
(84) 3246-4145
www.pipaprivilege.com.br
Café da manhã ☕

O hotel boutique fica no alto de uma falésia, com acesso direto à praia de Cacimbinha. Arquitetura moderna, com uma vista deslumbrante de todos os quartos e também da piscina.

Hotel Pipa Atlântico
Av. Baia dos Golfinhos, 578
Pipa – RN
(84) 3246-2565
www.pipaatlantico.com.br
Café da manhã ☕

Bem localizado, próximo à praia e aos restaurantes e lojinhas da praia da Pipa. Os quartos ficam em sobradinhos em frente a uma grande piscina, com capacidade de até 5 pessoas.

Rio Grande do Norte
ONDE FICAR

Guest House Casa da Barreira
Rua Praia do Giz, 88
Tibaú do Sul – RN
(84) 3246-4154 / 9696-0428
www.casadabarreira.com.br
Café da manhã

Uma casa decorada com muito bom gosto e poucos quartos que fica pendurada no morro de frente para praia, com espreguiçadeiras e uma jacuzzi. O café da manhã é servido em uma mesa coletiva com uma vista belíssima.

Ponta do Madeiro
Av. Antonio Florêncio, 2695 – Zona Rural
Tibaú do Sul – RN
(84) 3246-4220
www.pontadomadeiro.com.br
Café da manhã

Um deck com espreguiçadeiras se debruça sobre as falésias e proporciona uma vista incrível da Praia do Madeiro. O hotel fica muito próximo à Baia dos Golfinhos e à Praia da Pipa. As acomodações são muito confortáveis e contam também com jardim muito bonito e com uma piscina.

Praia do Madeiro, Rio Grande do Norte

Rio Grande do Norte

AO SUL DE NATAL — ONDE COMER

RESTAURANTES AO SUL DE NATAL

Cavalo de Fogo
Av. Gov. Aluizio Alves, 16 - Centro
Tibaú do Sul – RN
(84) 3246-4123

Na beira da lagoa, com uma vista muito bonita. Cardápio variado e saboroso. Porções bem servidas.

Pan e Vino
Rua da Albacora –
Praia da Pipa
Pipa – RN
(84) 9978-1057

Excelente opção de restaurante italiano. Pratos bem servidos e preço honesto para a região.

Caxangá
Praia do Centro
Pipa – RN
(84) 3246-2100
www.caxangápipa.com.br

Boa opção de restaurante de frutos do mar na beira da praia. Possui duchas de água doce.

Ombak
Rua Da Praia, 52
Baía Formosa – RN

Parada obrigatória de quem está fazendo passeio de buggy na região da Praia do Sagi. O camarão é uma delícia e as porções são bem servidas. Outro destaque é a grande variedade de cachaças.

5 Dicas de Natal

KARLA ALVES LEAL
www.cariocandoporai.com.br

1. Passear no Parque das Dunas. É um lugar repleto de verde onde as crianças podem brincar e correr à vontade, sempre em contato com a natureza. O Parque sempre oferece uma programação especial para crianças.

2. Visitar o Aquário de Natal e conhecer diversas espécies de peixes, cavalos-marinhos, pinguins..., e ainda fazer carinho nos tubarões! Ótima opção para os (raros) dias chuvosos.

3. Tomar sorvete na tradicional Sorveteria Tropical. Famosa pelos sorvetes elaborados com frutas típicas regionais.

4. Comer a clássica tapioca da Casa de Taipa, com seu ambiente descontraído que combina com o pós-praia. A decoração criativa e colorida chama atenção das crianças. É possível ver a tapioca sendo feita na hora!

5. Conhecer o parque do "Maior Cajueiro do Mundo". Para ver essa árvore gigantesca repleta de frutos, programe a visita entre os meses de novembro e janeiro, que é o período da floração e frutificação.

Rio Grande do Norte

De passagem por Natal

Em Natal, há muitos programas para fazer em família, como visitar o Forte dos Reis Magos, mas o que as crianças mais gostam é fazer passeio de buggy, skibunda e andar de dromedário nas dunas de Genipabu, que fica colada em Natal. Durante o dia, o local é agitado. À noite, nada acontece por lá. Há alguns restaurantes/barracas na beira na areia.

A capital tem praias urbanas, como Ponta Negra, cheia de barracas à beira-mar, restaurantes, turistas e o Morro do Careca compondo a paisagem. Mas quando a maré enche, a praia desaparece. O Parque das Dunas também tem muito espaço e opções de lazer para as crianças. Quem procura lembrancinhas ou produtos regionais pode ir ao Shopping de Artesanato, às lojinhas de Ponta Negra ou ao Centro de Artesanato.

A Praia de Camurupim, fica a cerca de 30 km de Natal e é muito indicada para crianças.

HOTÉIS EM NATAL

Aquária Natal Hotel
Av. Erivan França, 39 – Ponta Negra
(84) 3092-6801
www.aquarianatal.com
Café da manhã ☕

Apartamentos com 1 ou 2 quartos na beira da praia de Ponta Negra. Localização prática, perto do Morro do Careca e de restaurantes.

Best Western Premier Majestic Ponta Negra Beach
Av. Engenheiro Roberto Freire, 3800 – Ponta Negra
(84) 3642-7000
www.majesticnatal.com.br
Café da manhã ☕

Opção para quem prefere ficar em hotéis de grandes cadeias. Os quartos têm padrão internacional requintado, com opção de duas camas de casal para famílias. O prédio fica a 200 metros da praia, próximo a shoppings.

Manary Praia Hotel
Rua Francisco Gurgel, 9067 – Ponta Negra
(84) 3204-2900
www.manary.com.br
Café da manhã ☕

Hotel pequeno em estilo neocolonial. Quartos confortáveis e decorados com bom gosto, usando móveis antigos e artesanato local. Piscina adulta e infantil. Fica na frente da praia e próximo ao Shopping de Artesanato.

Rio Grande do Norte
ONDE FICAR

Ocean Palace Beach & Resorts Bungalows
Via Costeira Senador Dinarte de Medeiros Mariz, 7829 – Ponta Negra
(84) 3220-4144
www.oceanpalace.com.br
Café da manhã

Resort grande e com estrutura completa. Quartos no prédio principal e também bangalôs. Tem 11 piscinas, clubinho infantil.

Visual Praia Hotel
Rua Francisco Gurgel, 9184 – Ponta Negra
(84) 3646-4646
www.visualpraiahotel.com.br
Café da manhã ou Meia pensão

O hotel tem 3 piscinas (com cachoeira e bar) na beira da praia em Ponta Negra, bem no agito. Acomodações confortáveis.

HOTEL EM CAMURUPIM

Praia Bonita Resort & Conventions
Av. Mons. Antônio Barros, 13 – Camurupim
(84) 3230-1200
Nísia Floresta - RN
www.praiabonita.com
Café da manhã ou meia pensão ou pensão completa

Hotel pequeno na bonita praia de Camurupim, que fica entre Natal e a Praia da Pipa. Todos os quartos ficam de frente para a piscina e têm uma pequena varanda. Área de lazer com campo de futebol e minigolfe.

RESTAURANTES EM NATAL

Camarões
Rua Pedro Fonseca Filho, 8887 – Ponta Negra
(84) 3209-2425
www.camaroes.com.br

O mais recomendado da cidade há muitos anos. Porções enormes, cardápio bem completo. Quatro restaurantes em Natal, sendo dois deles em shoppings.

Mangai
Av. Amintas Barros, 3300 – Lagoa Nova
(84) 3206-3344
www.mangai.com.br

Restaurante por quilo focado em comida nordestina, com uma decoração superlegal, cheia de bananas. O caixa fica dentro de uma lojinha fofa, que vende artesanato e comidinhas regionais.

Old Five
Rua Erivan França, 230 – Ponta Negra
(84) 3025-7005
www.natalinvesting.com/oldfive

Beach Bar na praia de Ponta Negra.

Nau Frutos do Mar
Av. Odilon Gomes de Lima, 1772 – Cidade Jardim
(84) 3026-6333
www.site.naufrutosdomar.com.br

O que mais chama atenção no restaurante é a arquitetura, moderna e desafiadora. O camarão é um dos carros-chefes do cardápio que tem opções de pratos infantis.

A Cozinharia
Rua Ismael Pereira da Silva, 1637 – Capim Macio
(84) 2020-5432

Rio Grande do Norte
ONDE COMER

Comandado por um casal (professores de gastronomia) que está sempre atento ao serviço. O local é pequeno e relativamente simples, mas simpático. As porções são bem servidas.

Dolce Vita
Rua Mossoró, 603 – Tirol
(84) 3201-1916

A apresentação dos pratos é muito caprichada e o ambiente é acolhedor. Um dos melhores de Natal.

Paçoca de Pilão
Av. Dep. Márcio Marinho, 5708 – Pirangi do Norte
(84) 3238-2088
www.pacocadepilao.com.br

Restaurante típico, com ambiente simples e comida regional muito gostosa. Destaque para a carne de sol e para a paçoca de pilão, claro.

Flor de Sálvia
Av. Afonso Pena, 507 – Petrópolis
(84) 4106-1956
www.flordesalvia.com.br

Ótima opção para quem procura pratos saudáveis e leves. Preço honesto.

Cuore di Panna
Av. Engenheiro Roberto Freire, 9028 – Capim Macio
(84) 3301-3332

Uma das melhores sorveterias da cidade. Sorvete italiano com muitas opções de sabores regionais. Fica em Ponta Negra, com vista para o mar.

Genipabu, Rio Grande do Norte

Rio Grande do Norte

Ao Norte De Natal

⭐ **ZUMBI**
⭐ **MARACAJAÚ**
⭐ **MAXARANGUAPE**
⭐ **JACUMÃ**

A BR-101, que liga Natal ao litoral norte, está em bom estado e há diversas praias bonitas ao longo dos 100 km. As piscinas naturais de Perobas, em Touros, são lindíssimas. Algumas lagoas também dão charme à paisagem, como em Pitangui e Jacumã. Em Maracajaú fica o Ma-Noa, um parque aquático que as crianças adoram, com piscinas, rio com correnteza, tobogãs e passeios nas piscinas naturais de Parrachos.

⭐ **SÃO MIGUEL DO GOSTOSO**

Uma das praias mais afastadas de Natal, mas que vale cada quilômetro de estrada até lá. Perfeita para quem gosta de praias menos agitadas, com menos concentração de guarda-sóis e de turistas. São vários quilômetros de praia semideserta, com muitos praticantes de kitesurf.

5 Dicas de São Miguel do Gostoso

LILIANE INGLEZ
www.trilhasecantos.com.br

1. Mergulhar nas piscinas naturais de Perobas: a água rasinha e transparente, os recifes de corais e muitos peixinhos coloridos fazem o lugar perfeito para mergulho livre.

2. Fazer um passeio à Praia de Carnaubinhas e esticar até a Lagoa da Cotia, para tomar um banho de água doce. No caminho, vale uma paradinha no farol do Calcanhar, bem onde o Brasil faz a curva.

3. Conhecer a Praia do Marco, com piscinas que se formam na maré baixa, e a Praia de Tourinhos, local de desova de tartarugas. Os ninhos são sinalizados com bandeirinhas!

4. Fazer um bate-volta até Galinhos, passando por dunas e praias desertas. Chegando lá, o programa é fazer um passeio de barco até a salina, uma montanha branquinha de sal!

5. Conhecer as praias de São Miguel de um jeito diferente: a cavalo! Algumas pousadas disponibilizam este passeio, com ou sem guia.

Rio Grande do Norte

SÃO MIGUEL DO GOSTOSO — ONDE FICAR

HOTÉIS AO NORTE DE NATAL

Mi Secreto
Rua das Algas, 51 – São Miguel do Gostoso
(84) 3263-4348
www.misecretopousada.com
Café da manhã

Quartos grandes e bem decorados que acomodam bem famílias. Fica na beira da praia. O café da manhã é servido na frente do mar. Cadeirões para as crianças.

Pousada Vila Bacana
Avenida dos Arrecifes, 498
São Miguel do Gostoso
www.pousadavilabacana.com.br
Café da manhã

Chalés e apartamentos simples e simpáticos, de tijolinho à vista em meio a um jardim e uma lagoa. Fica próxima às praias de Santo Cristo e do Cordeiro. Possui quarto quádruplo.

Flat Ma-Noa
Rua Ponta dos Anéis, s/n
Maxaranguape – RN
(84) 9987-5520 ou
(84) 9849-0555

Bem localizado, ao lado do Ma-Noa Park. Tem três tipos de apartamentos, com 1, 2 ou 3 quartos, cozinha e sala. Todos com ar-condicionado e mobiliados.

HOTÉIS

Genipabu, Rio Grande do Norte

Rio Grande do Norte

SÃO MIGUEL DO GOSTOSO — ONDE COMER

RESTAURANTES AO NORTE DE NATAL

Quintal Pizzaria
Rua Praia da Xepa, 100,
São Miguel do Gostoso - RN
(84) 3263-4297

Pizza fininha deliciosa. Ambiente descontraído, mas muito simpático e charmoso.

Genesis
Rua Praia da Xepa, 86 – São Miguel do Gostoso
(84) 9932-2322

Um dos mais recomendados da região, com cozinha regional.

Madame Chita
Av. Enseada das Baleias, 1947 – São Miguel do Gostoso
(84) 3263-4235

Creperia superfofa e charmosa, com estilo rústico.

Tartuga
Praia Ponta de Tourinho – São Miguel do Gostoso
(84) 9956-8185

Fica a 10 km de São Miguel do Gostoso por estrada de terra, em Tourinhos, uma praia deserta. O dono é um italiano e o ambiente é muito simples com mesas na areia. Mas a paisagem é linda; as crianças podem brincar enquanto esperam a comida, que é muito boa. Vale a pena ir até lá para experimentar o risoto, mesmo sendo um restaurante caro.

RESTAURANTES

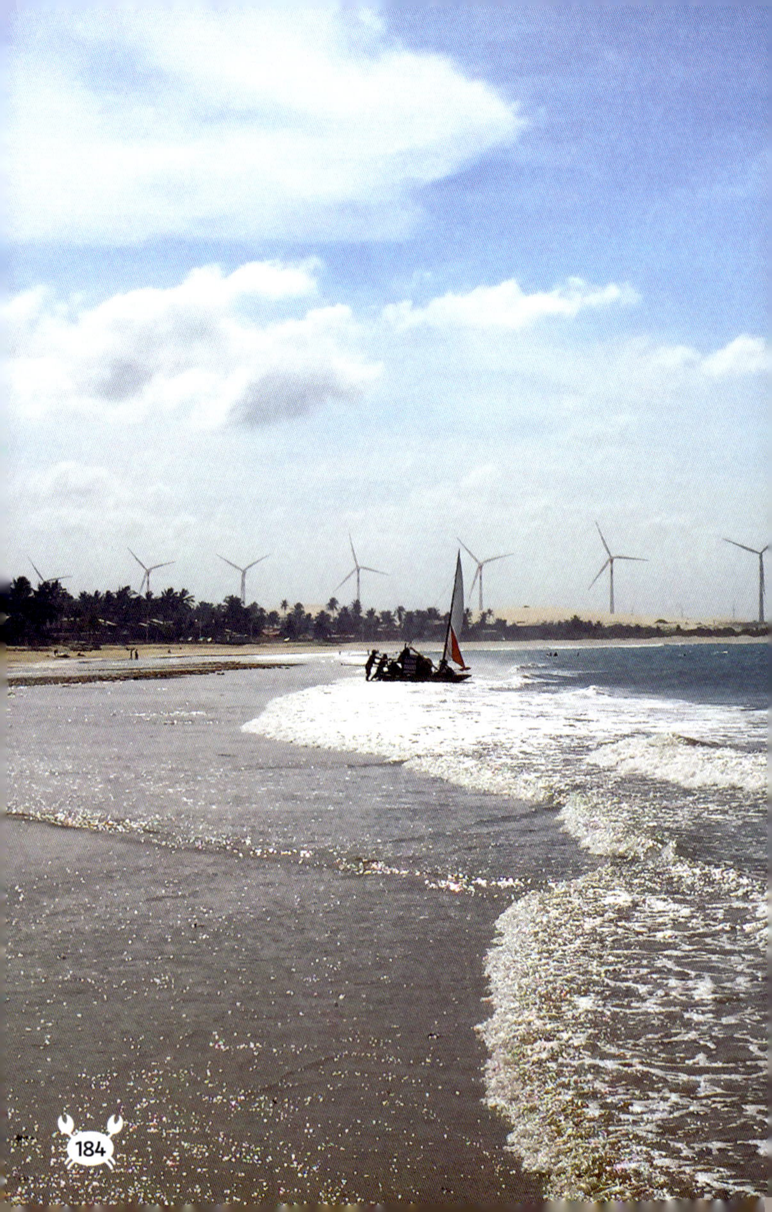

Ceará

Mangue Seco, Ceará

Ceará

No litoral do Ceará o mar é aberto, as cores são lindas e há praias imensas e praticamente desertas. Os gringos se apaixonaram por várias regiões, vieram e ficaram. Abriram pousadas e restaurantes gostosos. O resultado é uma mistura muito bacana. Faz sol o ano inteiro e venta bastante, o que faz com que as temperaturas, na praia, sejam muito agradáveis, mesmo no auge do verão.

TOP 5 Praias do Ceará
1. Jericoacoara
2. Guajirú
3. Canoa Quebrada
4. Ponta de Maceió
5. Mangue Seco

5 Dicas do Ceará

DANIELLE CAMPOS
www.rodandopeloceara.com.br

1 A **Praia de Guajiru**, em **Trairi**, situa-se na chamada Rota do Sol Poente e destaca-se pelo seu pequeno vilarejo de pescadores. Perfeito para as viagens em família. Na maré baixa, formam-se piscinas naturais.

2 Em Fortim, saindo da **Praia Canto da Barra**, é possível fazer um passeio de barco pelo rio Jaguaribe. No percurso, passando por uma área de manguezal, é feita uma parada próxima ao Parque Eólico para um banho no encontro do rio com o mar.

3 Em **Paraipaba**, a criançada vai se divertir na **Lagoa das Almécegas**. O local tem uma boa infraestrutura e a lagoa, de águas cristalinas, propicia um banho relaxante. O cardápio é variado e o preço justo.

4 Para crianças maiores e aventureiras, que tal fazer uma trilha ecológica e ainda descer a maior duna móvel do **Ceará**? Fica na **Praia de Ponta Grossa**, em Icapuí, e a visita tem que ser feita com um guia local.

5 Em **Canoa Quebrada**, a dica é a **Barraca Chega Mais Beach**. O local é amplo e tem duas piscinas (sendo uma exclusiva pra crianças), além de um bom fraldário e um pequeno playground infantil.

Ceará

⭐ JERICOACOARA, PRAIA DO PREÁ

Jericoacoara, ou simplesmente Jeri, é uma das estrelas do litoral, embora o acesso seja um pouco complicado, pois parte dele é pelas dunas. Quando fui pela primeira vez, a praia era apenas uma vila de pescadores, hoje tem lojinhas, ótimos restaurantes, hotéis e pousadas de todos os estilos. De dia, o programa é conhecer uma das lagoas (algumas estão secas), a Pedra Furada ou ficar curtindo a praia. No fim da tarde, vale subir a duna para ver o pôr do sol no mar. É clichê, mas é lindo! À noite, todos se encontram no centrinho (onde as ruas são de areia). Não tem uma criança que não peça para tirar fotos na jangada que fica na pracinha central. O clima é bem descontraído.

A praia do **Preá** fica muito próxima a **Jericoacoara**. Durante o dia se transforma em um centro de treinamento de kitesurf, com dezenas de alunos aprendendo o esporte. É uma praia bonita, mas durante a noite não tem muito que fazer. Muito próxima a Jericoacoara, logo depois do rio, na **Rota das Emoções**, fica a **Praia Mangue Seco**. Na maré baixa, as raízes enormes das árvores se tornam um labirinto divertido. Tem até balanços pendurados nos galhos. Em taperas simples vende-se água de coco.

HOTÉIS EM JERI E PRAIA DO PREÁ

Vila Kalango
Rua das Dunas, 30 - Jericoacoara
(88) 3669-2289
www.vilakalango.com.br
Café da manhã ☕

Pousada com estilo rústico, porém com muito bom gosto. Os quartos familiares ficam em palafitas que parecem uma casa na árvore. O restaurante é muito bom. Fica em frente às dunas de onde se vê o pôr do sol. Oferece transfer para a praia do Preá.

Pousada Carcará
Rua do Forró, 500 – Centro – Jericoacoara
(88) 9773-0513
www.pousadacarcara.com.br
Café da manhã ☕

Pousada pequena e central. Quartos com decoração rústica com ar-condicionado e piscina.

Blue Residence Hotel
Rua São Francisco, s/n – Jericoacoara
(88) 99914-0444
www.blueresidencehotel.com.br
Café da manhã ☕

Os quartos têm uma cozinha compacta com fogão, micro-ondas e frigobar e está na frente da praia. Arquitetura e decoração clean e muito confortável. Tem piscina.

Ceará
ONDE FICAR

Pousada Ibirapuera
Rua S das Dunas, 06 – Jericoacoara
(88) 9977-5747 / 9602-2020
www.pousadaibirapuera.com.br
Café da manhã ☕

Pousada pequena e rústica com piscina a 150 metros da praia. O quarto família tem a cama de casal no mezanino.

Pousada Baobá
Beco Doce, s/n – Jericoacoara
(88) 9604-4187
www.baobajeri.com
Café da manhã ☕

Pousada pequena e simpática, fica no centrinho, a 150 metros da praia e das dunas. Não tem piscina.

Rancho do Peixe
Rua da Praia, s/n – Praia do Preá
Cruz – CE
(88) 3660-3147
www.ranchodopeixe.com.br
Café da manhã ☕

Construída com materiais locais e muito charme. O restaurante é muito bom. Grande parte dos hóspedes é de praticantes de kitesurf. Translado gratuito para Jericoacoara.

Jericoacoara, Ceará

RESTAURANTES EM JERI E PRAIA DO PREÁ

Na Casa Dela
Rua Principal – Jericoacoara
(88) 3669-2024

O restaurante parece o jardim de uma casa, decorado com luzes, velas e móveis coloridos. Os pratos são muito gostosos, alguns deles preparados na brasa.

Tamarindo
Trav. Ismael, s/n – Jericoacoara
(88) 9676-5817

Um dos mais concorridos. Tem fila de espera quase todos os dias. Mesas no jardim (ao redor da árvore de Tamarindo) e também internas. Algumas mesas são enormes e comunais. Cardápio variado.

Restaurante Vila Kalango
Rua das Dunas, 30 – Jericoacoara
(88) 3669-2289

O restaurante do hotel é muito bom e fica localizado na frente das dunas de onde se vê o pôr do sol.

Gelato Grano
Praça Central – Jericoacoara
(88) 3305-6377

Sorveteria deliciosa com sabores criativos.

Guajiru, Ceará

Ceará

- ⭐ **LAGOINHA**
- ⭐ **GUAJIRU**
- ⭐ **FLECHEIRAS**
- ⭐ **MUNDAÚ**
- ⭐ **CUMBUCO**

A estrada que liga Fortaleza a estas praias, CE-085, é muito boa. A viagem dura cerca de duas horas. Estas praias são lindas, pequenas e têm uma boa estrutura. São ideais para quem prefere mais a paz ao agito. Em Guajiru e Flecheiras, a vila fica na frente da praia, sem avenida ou rua separando da areia. Em Flecheiras, há piscinas naturais perfeitas para as crianças brincarem. Guajiru atrai muita gente que gosta de kitesurf.

Mundaú é um pedacinho do paraíso. Com piscinas naturais e um belo encontro de mar e rio. O passeio pelas dunas é tranquilo (não é um programa radical) e é uma ótima opção para entender a geografia das praias. Já Lagoinha tem muitos restaurantes, hotéis e muitos ônibus, pois muitos turistas vão passar o dia lá. As outras (Guajiru, Mundaú) são mais tranquilas. Eu fiquei encantada com a região. Tem também Cumbuco, uma das praias mais populares para quem mora em Fortaleza, com muitas casas de veraneio. O acesso é rápido e fácil.

HOTÉIS NA REGIÃO

Zorah Beach
Rua da Praia, 95 – Guajiru
Trairi - CE
(85) 9740-0340
www.zorahbeach.com.br
Café da manhã

A decoração sofisticada do Zorah Beach, com móveis de Bali e estátuas no jardim, é muito charmosa. O hotel na beira da praia é perfeito para quem quer relaxar. A piscina é grande e cercada de cabanas com sofás espaçosos. Os chalés acomodam muito bem uma família com 2 filhos. Restaurante asiático bem recomendado.

Cabôco Sonhadô
Rua das Malvinas, s/n
Trairí – CE
(85) 3351-9047
www.caboco.com.br
Café da manhã

O estilo da pousada é simples e todos os apartamentos têm vista para a praia. O astral é de união com a natureza, a região é muito bonita. A pousada organiza passeios.

Mundaú Dunas Hotel
Rua Zélia Linhares, s/n
Trairí – CE
(85) 3351-9011
www.mundau.com.br
Café da manhã

Opção mais simples e econômica. Tem piscina e os quartos do 2º andar tem uma vista bonita da praia.

Ceará
ONDE FICAR

Orixás Art Hotel
Praia de Flecheiras
Trairí – CE
(85) 3351-3114
www.orixashotel.com.br
Café da manhã ☕

O Orixás é colorido e criativo. O hotel fica na praia. Alguns quartos possuem piscina privativa.

Pousada das Marés
Rua Estrada da Barra do Estrela de Mundaú, s/n
Mundaú – CE
(85) 9912-0074
www.pousadadasmares.com.br
Café da manhã ☕

Pousada com playground, piscina com bar e uma grande área gramada. O restaurante fica na frente da praia. Os quartos são simples, de tijolinho à vista. Organizam passeios e emprestam equipamentos para snorkel.

Rede Beach
Rua Principal, s/n - Guajiru
Trairi – CE
(85) 9912-4059
www.rede-resort.com.br
Café da manhã ☕

Hotel agradável na beira da praia de Guajiru. Quartos com ar-condicionado e piscina na frente do mar.

Vila Galé Cumbuco
Rua Lagoa das Rosas, s/n - Caucaia
Cumbuco – CE
(85) 3368-2100
www.vilagale.com
Resort all inclusive ☕🍽️🍹

Resort com recreação, serviço de praia, kids club, copa baby e fraldário. Situado na beira da praia de Cumbuco.

RESTAURANTES NA REGIÃO

Nono Restaurante e Pizzaria
Rua Bela Vista, 389
Trairí – CE
(85) 3351-3046

Um dos mais recomendados da região, local aconchegante. Pizza fininha e crocante. Fecha nas quartas-feiras.

Marítimo
Rua da Praia, 978 –
Flecheiras
Trairí – CE
(85) 3351-3048

Restaurante fica na praia, com mesas na areia (e também cobertas). Cardápio com peixes, frutos do mar e petiscos.

Basilico Beach
Rua São Pedro, 341 –
Flecheiras
Trairí – CE
(85) 3351-3004

Restaurante pé na areia, com destaque para as pizzas. Ambiente simples. Opção econômica e descontraída.

Ceará
ONDE COMER

Mandarina Hamburgueria
Rua San Pedro, 1 – Flecheiras
Trairí – CE
(85) 9609-4480

Hamburgueria gourmet, com música e decoração descontraída.

Guajiru Kite Center
Rua da Praia, 04 – Guajiru
(85) 9994-1697
www.guajirukitecenter.com.br

Para quem quer comer na praia, pé na areia. Comida caseira e gostosa em um local bem simples.

Vivamar Hotel
Av. Beira Mar, 260 – Praia da Lagoinha
Paraipaba – CE
(85) 3363-5077
www.vivamarhotel.com.br

Comida muito saborosa no restaurante que tem vista para a praia. Ambiente simples.

Aquiraz e o Beach Park

O Beach Park é um parque aquático que as crianças amam. Fica em Porto das Dunas (Aquiraz) uma praia muito próxima de Fortaleza. São dezenas de tobogãs de todos os tamanhos e cores. Alguns só para os muito corajosos. Para as crianças bem pequenas, o Acqua Circus é perfeito.

O Beach Park tem 4 hotéis; Acqua Resort, Suítes Resort, Oceani e Welness. Todos ficam ao redor do parque e funcionam no sistema de meia pensão. Os restaurantes tem bufê com cardápio variado e muitas opções preparadas na hora. Quem está hospedado nestes resorts tem portas de acesso exclusivas. Todos têm recreação e espaço para crianças pequenas. O mais antigo é o Suítes. O mais divertido, em minha opinião, é o Acqua, pois tem uma piscina com correnteza que vai até a porta do parque. O Oceani é mais aconchegante e o Wellness é também Spa. Mas há outras opções de hotéis na praia, que crescem a cada ano, como o Carmel Charme Resort, estiloso e na beira do mar com piscina.

Acqua Beach Park Resort
Suítes Beach Park Resort
Oceani Beach Park Hotel
Welness Beach Park Resort
Rua Porto das Dunas, 2734
(85) 4012-3000
www.beachpark.com.br
Meia pensão 🍽️🍽️🍽️

Luís Morais

Beach Park, Ceará

Jericoacoara, Ceará

Ceará

De passagem por Fortaleza

Fortaleza é grande, tem 2,5 milhões de habitantes, foi uma das sedes da Copa do Mundo, com alguns dos jogos mais populares. A capital faz parte do roteiro de muitas famílias, pois o Beach Park fica em uma praia muito próxima à capital, Aquiraz.

A praia mais conhecida é a Praia do Futuro, onde fica grande parte dos hotéis. Há muitas barracas de praia. Vale a pena comer caranguejo na Itaparica ou ficar na Croco Beach, que tem uma ótima área infantil. Meireles também é uma boa opção de hospedagem.

Top 5 de Fortaleza

1. Restaurante Coco Bambu, que além de gostoso, tem espaço infantil.
2. Alugar patins na Praia de Iracema.
3. Passear pelo Mercado Central.
4. O Centro Cultural Dragão do Mar, que tem teatro, planetário e contação de histórias.
5. Tomar sorvete na 50 Sabores.

HOTÉIS EM FORTALEZA

Atlantic Ocean Residence
Av. Historiador Raimundo Girão, 580 – Praia de Iracema
(85) 9997-7363
www.atlanticoceanresidence.com.br

Apartamento espaçoso a 200 metros da Praia de Iracema. Cozinha completa, sala e quarto. Acomoda até 6 pessoas. Piscina na cobertura.

Mercure Apartments Fortaleza Meireles
Rua Joaquim Nabuco, 166 – Meireles
(85) 3486-3000
www.accorhotels.com
Café da manhã ☕

Apartamentos completos com quarto, cozinha e banheiro a uma quadra da praia. Tem piscina, sauna e academia.

Dom Pedro Laguna
Av. Marginal do Empreendimento, s/n
Praia da Marambaia – Aquiraz
(85) 3388-3000
www.dompedro.com
Meia pensão ☕🍽

Este resort elegante fica na praia de Marambaia. Uma lagoa atravessa o hotel, integrando os quartos à natureza. As vilas são espaçosas, algumas têm cozinha compacta e piscina privativa. Tem clubinho infantil, campo de golfe, quadras poliesportivas, piscina e playground.

Ceará
ONDE FICAR

Hotel Villa Mayor
Rua Viconde de Mauá, 151 – Meireles
(85) 3466-1900
www.villamayor.com.br
Café da manhã

A fachada do hotel tem arquitetura charmosa, além de um agradável jardim ao redor da piscina e quartos confortáveis a 100 metros da praia.

Mareiro Hotel
Av. Beira Mar, 2380 – Meireles
(85) 3266-7200
www.mareirohotel.com.br
Café da manhã

Fica na praia de Meireiles, em frente à praia e muito próximo ao mercado de artesanato. Três piscinas, copa baby, parquinho infantil e recreação.

Carmel Charme Resort
Rua Barro Preto, s/n – Barro Preto
Aquiraz – CE
(85) 3266-6100
www.carmelcharme.com.br
Café da manhã

Hotel amplo e charmoso na beira da praia de Aquiraz. A piscina fica rodeada de um jardim. Os quartos e banheiros são bem decorados. O apartamento duplex possui cama de casal extragrande e sofá-cama.

HOTÉIS

Guajiru, Ceará

FORTALEZA

RESTAURANTES EM FORTALEZA

Coco Bambu Meireles
Rua Canuto de Aguiar, 1.317
(85) 3242-7557 ou
Av. Beira Mar, 3698
(85) 3198-6000 ou
Rua República da Armênia, 1.154
(85) 3023-7777
www.cocobambu.com

Um dos favoritos, tanto dos locais como dos turistas. São três restaurantes, um em Meireles, um na Beira Mar e outro no sul. Cardápio com comida regional deliciosa, porções bem servidas e espaço para as crianças.

Coriolano
Rua Osvaldo Cruz, 2780 – Dionísio Torres
(85) 3035-5504

Cantina italiana com pizzas muito boas. Decoração vintage criativa. Está sempre cheia.

Cabaña Del Primo
Rua Maria Tomásia, 503 – Aldeota
(85) 3244-3691
www.cabanadelprimo.com.br

Especializado em carnes. Ótimos cortes assados na brasa e ambiente muito agradável.

Santa Grelha Meireles
Rua Tibúrcio Cavalcante, 790 – Meireles
(85) 3224-0249
www.socialclube.com.br/santa-grelha

Ambiente agradável e cardápio com carnes muito bem preparadas. Possui espaço infantil.

Canoa Quebrada, Ceará

Ceará

⭐ **CANOA QUEBRADA**
⭐ **FORTIM**

Canoa Quebrada é a outra estrela do litoral cearense. Uma vila que tem um astral meio esotérico e fica praticamente pendurada nas falésias. À noite, o agito é na Broadway, fechada para carros. Uma boa maneira de conhecer a região é de buggy (as crianças adoram e o visual é incrível). No meio das dunas há alguns oásis onde é possível almoçar peixe fresco e descer de tirolesa nas lagoas. O Parque Eólico, com os cataventos enormes que geram energia, é muito impressionante. Para ver um pôr de sol muito bonito, vá até o pontal de Maceió. Já Fortim fica no encontro do rio Jaguaribe com o mar; o encontro de dunas, mar e rio é muito bonito.

Morro Branco, Ceará

Ceará
ONDE FICAR

CANOA QUEBRADA E FORTIM

HOTÉIS EM CANOA QUEBRADA E FORTIM

Vila Selvagem
Rua Ernestina Pereira, 401 - Fortim
(88) 3413-2101 / 3413-2031
www.vilaselvagem.com
Café da manhã

Muito charmoso e confortável na Praia de Pontal de Maceió. Organiza passeios para Canoa Quebrada, esqui aquático, passeios a cavalo.

Pousada Refúgio Jardim Canoa
Rua 04 ventos, s/n
Canoa Quebrada
(88) 3421-7430
www.refugiocanoa.com.br
Café da manhã

A pousada é pequena, lembra uma casa, os quartos são confortáveis e amplos. Fica a 300 metros da praia e tem piscina.

Hotel e Pousada Tatajuba
Rua Nascer do Sol, 104 – Centro
Canoa Quebrada – CE
(88) 3421-7401
Café da manhã

Localizada a 150 metros da praia e bem próxima ao centrinho. Os quartos com varanda têm vista para o mar.

HOTÉIS

Jericoacoara, Ceará

Ceará
ONDE COMER

CANOA QUEBRADA E FORTIM

RESTAURANTES EM CANOA QUEBRADA E FORTIM

Cabana
Rua Principal, s/n (Broadway)
Canoa Quebrada – CE
(88) 3421-7018

Cardápio variado com destaque para os peixes, e ambiente simpático e informal.

L'Atelier do Brasil
Rua Nascer do Sol, 362
Canoa Quebrada – CE
(88) 8817-9964

Restaurante com um toque da gastronomia francesa, em ambiente um pouco mais sofisticado do que a maioria da região.

Costa Brava
Rua Dragão do Mar, 2022 (Broadway)
Canoa Quebrada – CE
(88) 3421-7088

Um dos mais populares da praia, está sempre cheio e fica no miolinho do agito. Serve pratos como lagostas, robalo e filé à parmegiana.

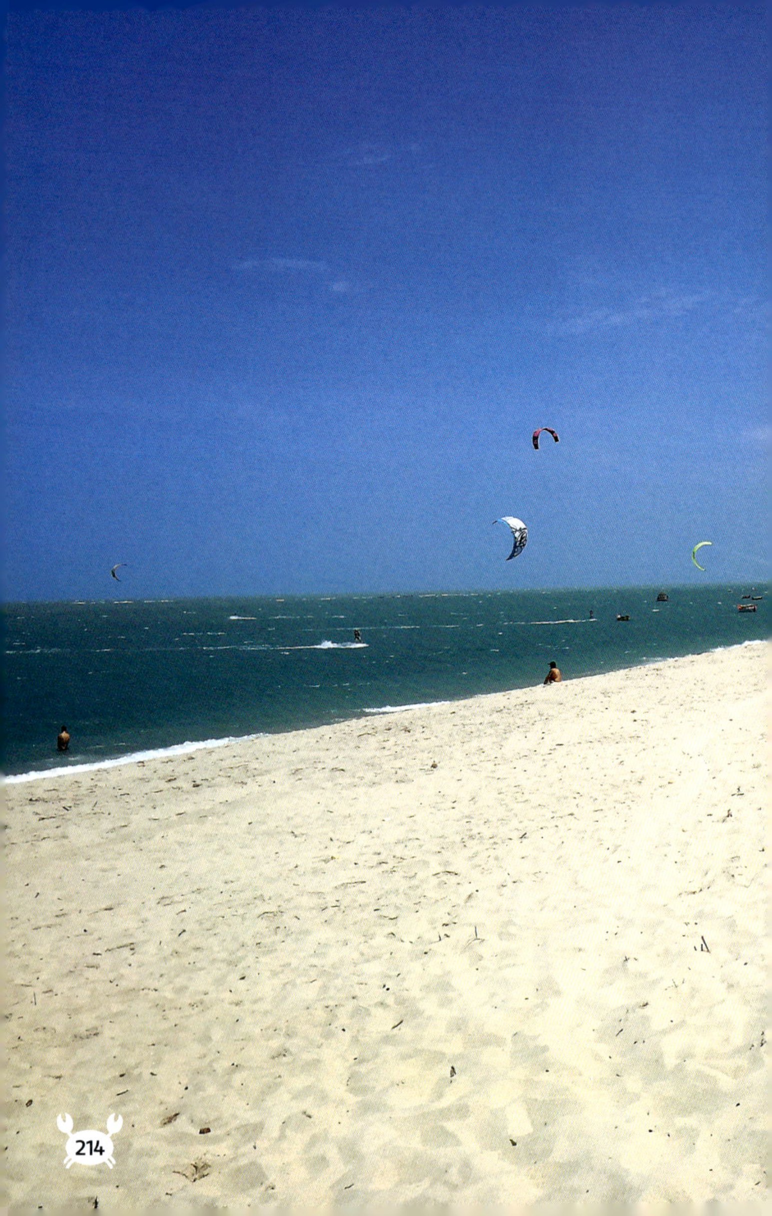

Piauí

Delta do Parnaíba, Piauí

Piauí

O **Piauí** tem o menor litoral do Brasil, mas posso afirmar que é lindo! A capital **Teresina**, diferente do que acontece nos outros estados, fica no interior. São apenas quatro municípios: **Ilha Grande**, **Parnaíba**, **Cajueiro da Praia** e **Luís Correia**. A grande estrela é o **Delta do Parnaíba**, que faz parte da Rota das Emoções e, como diz o nome, é emocionante.

Top 5 do Piauí

1. Navegar pelo Delta do Parnaíba.
2. Os restaurantes simpáticos de Barra Grande.
3. Passeio até a Ilha dos Cavalos-marinhos.
4. Aprender kitesurf em Barra Grande.
5. O Parque Geológico de Sete Cidades.

Barra Grande, Piauí

Piauí

⭐ BARRA GRANDE

Barra Grande é conhecida por ser a **Jericoacoara** de 20 anos atrás, alternativa e charmosa. Muitos estrangeiros visitam a região, atraídos principalmente pelo kitesurf, e não querem mais ir embora, então abrem restaurantes e pousadas. A praia é linda. À noite, o agito acontece na rua das pousadas, de areia, cheia de barzinhos e restaurantes italianos, belgas, venezuelanos e regionais. É ideal para quem gosta de ecoturismo de aventura. Programas como descer um rio bem rasinho flutuando com coletes salva-vidas são perfeitos para as crianças. Os preços ainda são bem razoáveis comparados com outros trechos do Nordeste. Na praia, mar cristalino, piscinas naturais e alguns restaurantes com comidas típicas de beira de praia (peixe, camarão, caranguejo) que servem tanto na areia como nas mesas. Na beira do mar nunca fica muito quente por causa do vento constante. Crianças a partir dos 7 anos podem fazer aulas.

HOTÉIS EM BARRA GRANDE

Pousada Chic
Rua das Flores, 36 – Cajueiro da Praia
(86) 3369-8025
www.pousada-chic.com
Café da manhã ☕

Pousada sofisticada um pouco afastada da muvuca e do centrinho. Os quartos são muito confortáveis e os banheiros são enormes.

BGK – Barra Grande Kite Camp
Rua Pontal da Barra, 205 – Cajueiro da Praia
(86) 3369-8019
www.bgk.com.br
Café da manhã ☕

Uma das mais conhecidas e populares da região, fica na beira da praia. É também uma escola de kitesurf.

Pousada Eolos
Rua das Flores, 8
(86) 3369-8177
www.pousadaeolos.com.br
Café da manhã ☕

Pousada com sobradinhos, piscina e rede na varanda. Quartos básicos. Fica bem próxima à praia.

Piauí
ONDE FICAR

Rota dos Ventos
Rua Pontal da Barra, 234
(86) 3369-8161
www.pousadarotadosventos.com
Café da manhã ☕

Ambiente simples e agradável, com bangalô, chão de areia, decks com pufes, a 60 metros da praia.

HOTEL EM PARNAÍBA

Pousada Vila Parnaíba
Rua Monsenhor Joaquim Lopes, 500
(86) 3323-2781
www.pousadavilaparnaiba.com.br
Café da manhã ☕

Uma ótima opção para quem preferir ficar em Parnaíba para fazer o passeio pelo Delta. A pousada é pequena mas muito simpática. Os quartos ficam ao redor de um jardim agradável com redes e uma piscina. Fica a 5 km do centro histórico.

HOTÉIS

Parnaíba, Piauí

Piauí
ONDE FICAR

BARRA GRANDE E PARNAÍBA

RESTAURANTES EM BARRA GRANDE

Manga Rosa
Rua Pontal da Barra, 300
(86) 3369-8151

Restaurante simpático e comida muito gostosa no miolo do agito. Pratos muito saborosos com peixe e camarão.

Mamma Mia
Praça Nossa Senhora da Conceição

Cardápio italiano, com um chef italiano em um ambiente supersimples e básico.

Bistro Kite Bliss
Rua Pontal da Barra, 205

São apenas 3 ou 4 mesas, que ficam em uma área externa, sem cobertura. A comida é deliciosa e o atendimento muito bom.

La Cozinha
Rua Pedro Castro de Medeiros, 548
(86) 3369-8171
www.lacozinha.com

O chef do La Cozinha é belga e elaborou um cardápio regional criativo. Muitos temperos crescem no jardim do próprio restaurante.

Orlas Bolas
Rua Pontal da Barra, 310 – Cajueiro da Praia

Sorveteria com muitos sabores regionais, onde as pessoas fazem longas filas.

⭐ DELTA DO PARNAÍBA

O Delta do Parnaíba fica entre os estados do Maranhão e do Piauí e é formado por mais de 70 ilhas. A base para explorar a região é a cidade de Parnaíba. No Porto das Barcas fica a região histórica, onde há lojinhas e pequenos restaurantes com arquitetura colonial. O passeio pelas águas do rio que deságua no mar pode ser feito em barcos ou lanchas voadeiras. O ecossistema é grandioso, com muitos pássaros e animais marinhos. Para as crianças, os pontos altos são os passeios nos manguezais e a parada nas dunas. É imprescindível levar muita água mineral, boné e camiseta, pois faz muito calor! Os passeios duram o dia todo e há uma parada para o almoço.

RESTAURANTE NO DELTA DO PARNAÍBA

Casa de Caboclo
Ilha das Canárias – Araioses
Na divisa entre Maranhão e Piauí
(86) 9993-6178
www.casadecaboclo.com

O acesso a este restaurante pitoresco (que na verdade fica no Maranhão) é de barco. Um restaurante para não ter pressa e apreciar o Delta.

Delta do Parnaíba, Piauí

Alexandra Aranovich

Maranhão

Lençóis Maranhenses, Maranhão

Alexandra Aranovich

Maranhão

O turismo no Maranhão cresce a cada dia. O estado está na Rota das Emoções, que começa em Fortaleza, no Ceará, e termina nos Lençóis Maranhenses. Algumas praias fazem parte do trajeto. Quem vai em julho pode conhecer um pouco da festa do Bumba Meu Boi.

⭐ LENÇÓIS MARANHENSES

Os lençóis Maranhenses são, sem dúvida, a maior atração do estado e uma das maiores do Brasil. A imensa área de dunas e lagoas de água doce, protegida pelo IBAMA e Patrimônio Natural da Humanidade, é um programa muito legal para crianças. É o ponto alto da Rota das Emoções. É o estilo da família (e dos filhos) que vai determinar a partir de que idade eles vão aproveitar!

A porta de entrada para a região são as vilas de Barreirinha, Santo Amaro e Paulino Neves, de onde saem as excursões. Há muitas agências de turismo e várias pousadas. A estrutura dos hotéis é simples e a maioria dos passeios é feita de buggy, quadriciclo ou carros 4x4. Se planeja chegar à Lagoa Azul, vá de 4x4. Além de conhecer as dunas e lagoas, outro passeio muito interessante é navegar pelo Rio Preguiças.

A melhor época para visitar o Parque Nacional dos Lençóis Maranhenses é de junho a setembro. Fora deste período é possível passear pela região, mas as lagoas formadas entre as dunas estão secas, já que chove pouco. Uma vila pitoresca, onde o Rio Preguiças desemboca no mar, é Atins. Ali, sotaques dos quatro cantos do mundo se misturam.

Maranhão

Top 5 atrações do Rio Preguiças

1. Ver os pássaros guarás.
2. O Farol de Mandacaru.
3. Praia dos Macacos.
4. As dunas ribeirinhas e pequenos vilarejos.
5. As paisagens lindíssimas.

⭐ **PEQUENOS LENÇÓIS**
⭐ **CABURÉ**
⭐ **MANDACARU**
⭐ **VASSOURAS**

O barco que navega pelo Rio Preguiças faz paradas na Praia de Caburé, no pacato povoado de Mandacaru (onde há um Farol com vista linda da região e cachacinhas típicas) e no povoado de Vassouras. No percurso de barco pelo rio há um trecho mágico que passa por um túnel de igarapés. Aliás, o visual dos manguezais, igarapés, palmeiras de buriti e açaí, cajueiros e do rio ao entardecer é fantástico.

HOTÉIS EM BARREIRINHA

Gran Solare Lençóis Resort
Estrada de São Domingo, s/n – Povoado Boa Vista
(98) 3349-6000
www.bhghoteis.com.br
Café da manhã

Um hotel grande! Em frente ao prédio há uma grande piscina. Possui sala com brinquedos para crianças, sala de jogos e apartamentos com 2 quartos, cozinha e 2 banheiros. O hotel tem traslado de manhã e à noite para o centro. Possui agência de turismo que pode ajudar na hora de programar os passeios.

Encantes do Nordeste
Rua Boa Vista, 950
(98) 3349-0288
www.encantesdonordeste.com.br
Café da manhã

Uma das pousadas mais agradáveis da região. Embora não tenha nenhum luxo, as instalações são simpáticas. Os chalés espaçosos ficam em um jardim com piscina, na beira do rio.

Maranhão
ONDE FICAR

Pousada Murici
Rua Domingos de Carvalho, 590 - Murici
(98) 3349-1192
www.pousadamurici.com.br
Café da manhã

Está localizada às margens do Rio Preguiças e conta com: prainha, playground, restaurante, piscina, jardim imenso e até serviço de babá. A decoração é rústica e os quartos são simples, mas bem confortáveis.

Pousada Cajueiro Atins
Rua Principal, s/n - Atins
(98) 98165-2255 / 99204-0222
www.pcatins.com.br
Café da manhã

Pousada simples e agradável, a 300 metros da praia. O quarto, que acomoda bem uma família, tem uma cama de casal e um beliche.

Rancho do Buna
Rua Principal, s/n
Atins – MA
(98) 3349-5005
www.ranchodobuna.com.br
Café da manhã

Pousada bem rústica, construída com materiais reciclados. Ambiente familiar. Possui chalés que acomodam até 4 pessoas. Com piscina.

5 Dicas dos Lençóis Maranhenses

ALEXANDRA ARANOVICH
www.cafeviagem.com.br

1 O passeio de lancha voadeira pelos Pequenos Lençóis (área de dunas e lagoas menores) é um dos mais indicados para fazer com crianças.

2 No Porto dos Macacos (outro nome dado ao povoado de Vassouras) as crianças vão curtir a macacada divertida, lanches da Tenda dos Macacos, rede, dunas e um bom banho de lagoa ou no Rio Preguiças.

3 Crianças pequenas podem cansar no percurso do sobe e desce das areias. É um passeio, sem dúvida, para ser feito com crianças que já estão prontas e dispostas a percorrer trilhas mais difíceis.

4 O banho nas lagoas cristalinas é energizante. Sem falar da paisagem que mais parece uma miragem.

5 Leve água, protetor solar, boné, óculos escuros. Venta muito.

Maranhão
ONDE FICAR

BARREIRINHA

RESTAURANTES EM BARREIRINHA

Bambaê
Estrada da Boa Vista, s/n
(98) 3349-0691
www.encantesdonordeste.com.br

Restaurante do hotel Encantes do Nordeste. Fica na beira do rio, com redes e espreguiçadeiras no jardim e comida muito gostosa. Um dos melhores da região. À noite tem música ao vivo.

A Canoa
Av. Beira Rio, s/n
(98) 3349-1724

Cardápio variado que oferece desde pratos regionais até pizza. Fica localizado na beira do cais.

Deck Bistrô – Café e Restaurante
Av. Anacleto de Carvalho, 623 - Praça da Matriz
(98) 99211-4361
www.deckbistro.com.br

Em frente à Praça Matriz. Destaque para o Camarão à Jeri, para o Arroz com Cuxá e carne de sol e para a sobremesa de banana, Cartola.

Vassouras, Maranhão

Maranhão

De passagem por São Luís

São Luís foi fundada pelos franceses, que colonizaram a região antes de serem expulsos pelos portugueses. O centro histórico é o principal ponto turístico da cidade por causa dos azulejos portugueses, que estão presentes nas fachadas e na decoração das casas. Na região do mercado há diversos bares onde vale a pena comer alguns petiscos e escutar música regional. No Museu Histórico e Artístico do Maranhão há móveis e objetos históricos. No Centro de Cultura Domingos Vieira Filho o destaque é para os trajes folclóricos típicos das festas do Bumba Meu Boi.

São Luís, Maranhão

Maranhão
ONDE FICAR

SÃO LUÍS

HOTÉIS EM SÃO LUÍS

Stop Way Hotel
Av. Mario Meireles, Q 20, Lote 6 e 8 – Ponta D´Areia
(98) 4009-7777
www.stopwayhotel.com.br
Café da manhã

Prático e bem localizado, com fácil acesso às praias, bares e restaurantes. Fica a 4 km do centro de São Luís.

Pousada Maramazon
Av. Litorânea, 300 – Calhau
(98) 98865-3640
www.maramazon.com
(98) 3235-3994 (98) 8865-3640
Café da manhã

Hotel com boa estrutura, próximo à praia. Fica a 10 km do Centro Histórico. Quartos e banheiros convenientes.

Brisamar Hotel São Luís
Av. São Marcos, 12 – Praia da Ponta da Areia
(98) 2106-0606
www.brisamar.com.br
Café da manhã

Os quartos e banheiros são básicos, com muitos azulejos brancos. Há uma piscina entre os dois prédios onde ficam os apartamentos. Localizado em frente à praia, a 5 minutos do centro.

Grand São Luís Hotel
Av. Dom Pedro II, 299 – Centro
(98) 2109-3500
www.grandsaoluis.com.br
Café da manhã

Indicado para quem quer ficar no centro histórico da cidade. Possui piscina adulta e infantil. Os quartos são básicos, mas têm um toque regional na decoração que os deixam mais aconchegantes.

Rio Preguiças, Maranhão

Maranhão
ONDE FICAR

SÃO LUÍS

RESTAURANTES EM SÃO LUÍS

Coco Bambu
Av. Colares Moreira, 1 – Q 19 – Calhau
(98) 3268-7400
www.restaurantecocobambu.com.br

Um restaurante que faz sucesso em Brasília, Fortaleza e outras capitais, também está presente em São Luís. Culinária regional, pratos bem servidos e ambiente agradável.

SENAC Restaurante
Rua de Nazaré, 242 – Centro
(98) 3198-1100

Embora seja um buffet, o ambiente é mais formal. Comida muito boa. Super bem localizado, no centro histórico, em uma casa estilo colonial.

Cabana do Sol
Av. Litorânea, 10 - Praia do Calhau
(98) 3227-7761 ou
Rua João Damasceno, 24 A - Farol de São Marcos
(98) 3304-4235

Restaurante tradicional da cidade com grande variedade no cardápio, um dos destaques é a carne de sol. Em dois endereços.

Aproveite a viagem

Espero que este guia auxilie nas próximas viagens pelo Nordeste! O turismo interno do Brasil tem evoluído muito. Os hotéis e pousadas estão ficando cada vez mais cuidados, o serviço está cada vez melhor. Para se manter atualizado nas nossas dicas e viagens, acesse o **www.viajocomfilhos.com.br,** acompanhe nossas aventuras e experiências em família pelo país e pelo mundo e envie suas sugestões.

Siga-nos nas redes sociais:

 Facebook @viajocommeusfilhos

 Twitter @viajocomfilhos

 Instagram @viajocomfilhos

AGRADECIMENTOS

Cada dica, cada conversa, cada troca de informações foi preciosa na hora de escrever este livro. Obrigada a todos que contribuíram de alguma maneira: Leonardo Marques, Marcio Nel Cimatti, Liliane Inglez, Karla Alves Leal, Viviane Camargo, Claudia Rodrigues Pegoraro, Erica Pivos Kovacs, Mariana Sá, Danielle Campos, Alexandra Aranovich, Livi Souza, Fernanda Ávila, Andressa Sucodolski, Tatiana Rocha, Bianca e Guilherme Canever, Renita Kravetz, Ana Chia, Paloma Varon, Giovana Madalosso, Pedro Guerra, Geraldo Macedo, Carla Soprana, Priscila Seixas, a contribuição de vocês foi essencial. E claro, obrigada aos incansáveis, Claudio, Mônica, Vicente, Fernanda, Nuno, Pedro e Luiza.

BAHIA

PORTO SEGURO 34
La Torre Resort All Inclusive
Porto Seguro Praia Resort
Portobello Resort
Toko Village

ARRAIAL D'AJUDA 35
Arraial D'Ajuda Eco Resort
Pousada Pé na Estrada
Pousada Beijo do Vento
Hotel Pousada Coqueiros

TRANCOSO 36
Capim Santo
Club Med Trancoso
Etnia Pousada & Boutique
Pousada Le Refuge
Pousada Samambaia
Uxuá Casa Hotel & Spa

CARAÍVA 37
Pousada da Terra
Pousada da Barra
Pousada San Antonio de Caraíva
Pousada Vila do Mar

SANTA CRUZ DE CABRÁLIA 38
Campo Bahia

ILHÉUS 46
Resort Transamérica Comandatuba
Cana Brava Resort
Resort Tororomba

ITACARÉ 47
Aldeia do Mar
Itacaré Eco Resort
Pousada Villa Bella
Vila Maeva
Vila Pérola Negra
Txai Resort

ITAPARICA 56
Club Med Itaparica

BARRA GRANDE E TAIPU DE FORA 56
Pousada Taipu de Fora
Encanto da Lua
Hotel Village Aytyaram
Kaluana Mutá
Kiaroa Eco-Luxury Resort

MORRO DE SÃO PAULO 57
Patachocas Eco Resort

SALVADOR 63
Pestana Bahia Lodge
Bahia Othon Palace
Gran Hotel Stella Maris
Catussaba Business

COSTA DOS COQUEIROS 72
Vila Galé Marés
Refúgio da Vila
Pousada Rosa dos Ventos
Tivoli Ecoresort Praia do Forte
Iberostar Bahia
Iberostar Praia do Forte
Grand Palladium Imbassaí Resort & Spa
Costa do Sauípe

ÍNDICE REMISSIVO DE *Hotéis*

SERGIPE

ARACAJU 86
Radisson Hotel Aracaju
Aruanã Eco Praia Hotel
Quality Hotel Aracaju
Aquários Praia Hotel
Mercure Aracaju Del Mar
Prodigy Beach Resort & Convention Aracaju

ALAGOAS

BARRA DE SÃO MIGUEL 98
Brisa Mar
Gungaporanga
Village Barra Hotel
Iloa Resort
Kenoa Exclusive Beach Spa & Resort
Lua Pousada
Pousada Barra Bonita
Pousada Barra Sol

PRAIA DO FRANCÊS 103
Capitães de Areia Pousada
Dolce Vita Flat e Pousada
Hotel Ponta Verde Praia do Francês

MACEIÓ 106
Radisson Hotel Maceió
Meridiano Hotel
Pratagy Beach Resort
Villas do Pratagy Condo Resort
Ritz Lagoa da Anta
Matsubara Acqua Park Hotel
Ritz Suítes Home Service
Salinas de Maceió Beach Resort

MARAGOGI 112
Salinas Maragogi All Inclusive Resort
Pousada Paraíso dos Coqueirais
Pousada Camurim Grande
Pousada Encontro das Águas
Pousada Igarakuê
Praiagogi Boutique Pousada
Grand Oca Maragogi

SÃO MIGUEL DOS MILAGRES 115
Pousada do Toque
Pousada Reserva do Patachó
Angá Hotel

PERNAMBUCO

PORTO DE GALINHAS E ARREDORES 124
Beach Class Resort Muro Alto
Enotel Acqua Club
Grand Mercure Summerville
Nannai Resort & Spa
Vila Galé Eco Resort do Cabo

PRAIA DOS CARNEIROS 125
Pousada Sítio da Prainha
Pontal dos Carneiros Beach Bangalow
Pousada Praia dos Carneiros

RECIFE 134
Beach Class Suíte Recife
Hotel Golden Tulip Recife Palace
Hotel Gran Mercure Recife Atlante Plaza
Navegantes Praia Hotel
HY Beach Flats
Hotel Barramares
Nobile Beach Class Executive Park Hotel

OLINDA 136
Eco Olinda B&B
Hotel 7 Colinas
Pousada do Amparo

FERNANDO DE NORONHA 142
Flamboyant Residence
Pousada da Germana
Pousada Zé Maria
Pousada Sueste
Pousada Capim Açu
Pousada Maravilha

PARAÍBA

LITORAL SUL 152
Mussolo Resort by Mantra
Nord Luxxor Tabatinga
Pousada Aruanã
Pousada da Luz
Pousada Aconchego

JOÃO PESSOA 158
Hotel Cabo Branco
Littoral Hotel & Flats
Pousada Casa Branca
Pousada Casa di Romeo & Giulietta
Quality Hotel SolMar
Tropical Tambaú

LITORAL NORTE 159
Pousada na Beira do Mar
Costa Brava Praia Resort

RIO GRANDE DO NORTE

AO SUL DE NATAL 168
Hotel Tibau Lagoa
Pousada Toca da Coruja
Pipa Privilege
Hotel Pipa Atlântico
Guest House Casa da Barreira
Ponta do Madeiro

NATAL 174
Aquária Natal Hotel
Best Western Premier Majestic Ponta Negra Beach
Manary Praia Hotel
Ocean Palace Beach & Resorts Bungalows
Visual Praia Hotel

CAMURUPIM 175
Praia Bonita Resort & Conventions

AO NORTE DE NATAL 181
Mi Secreto
Pousada Vila Bacana
Flat Ma-Noa

ÍNDICE REMISSIVO DE *Hotéis*

CEARÁ

JERI E PRAIA DO PREÁ 190
Vila Kalango
Pousada Carcará
Blue Residence Hotel
Pousada Ibirapuera
Pousada Baobá
Rancho do Peixe

GUAJIRÚ, FLECHEIRAS, CUMBUCO E REGIÃO 196
Zorah Beach
Cabôco Sonhadô
Mundaú Dunas Hotel
Orixás Art Hotel
Pousada das Marés
Rede Beach
Vila Galé Cumbuco

FORTALEZA 204
Atlantic Ocean Residence
Mercure Fortaleza Meireles
Dom Pedro Laguna
Hotel Villa Mayor
Mareiro Hotel
Carmel Charme Resort

BEACH PARK 200
Acqua Beach Park Resort
Suítes Beach Park Resort
Oceani Beach Park Hotel
Welness Beach Park Resort

CANOA QUEBRADA E FORTIM 211
Vila Selvagem
Pousada Refúgio Jardim Canoa
Hotel e Pousada Tatajuba

PIAUÍ

BARRA GRANDE 220
Pousada Chic
BGK – Barra Grande Kite Camp
Pousada Eolos
Rota dos Ventos

PARNAÍBA 221
Pousada Vila Parnaíba

MARANHÃO

BARREIRINHA 232
Gran Solare Lençóis Resort
Encantes do Nordeste
Pousada Murici
Pousada Cajueiro Atins
Rancho do Buna

SÃO LUIS 239
Stop Way Hotel
Pousada Maramazon
Brisamar Hotel São Luis
Gran São Luis Hotel

BAHIA

PORTO SEGURO 40
Canto Italiano
Colher de Pau

ARRAIAL D'AJUDA 40
Boiteko
Flor do Sal
Paolo Pizza
Manguti

TRANCOSO 41
Capim Santo
O Cacau
Cantinho Doce
Gelateria do Beco

CARAÍVA 42
Boteco do Pará
Caraíva

COSTA DO CACAU 51
Gelato Gula
Pizzaria Boca de Forno
Restaurante Mãe Josepha
Restaurante Panela de Barro
Tio Gu Café Creperia

COSTA DO DENDÊ 58
Bar das Meninas
Donanna
Portofino Pizzaria
Bar da Rô

Tapera
O Deck
Buda Beach
Dri & Dani
Vila Kaluana
Tikal

SALVADOR 64
Coco Bambu
Restaurante SENAC
Bargaço
Yemanjá
Amado
Paraíso Tropical

COSTA DOS COQUEIROS 75
Terra Brasil
Jerimum Café
Nega Fulô Pizzaria
Caçua
Risoteria
Doce Gelato Sorveteria
Barraca da Teka

SERGIPE

ARACAJU 88
Cariri
Casquinha de Caranguejo
Sollo
Caçarola
Com Amor Beach Bar
Parati

ÍNDICE REMISSIVO DE *Restaurantes*

ALAGOAS

LITORAL SUL 103
Karranca's Bar e Restaurante
Kaamo
Villa Niquin
Life Beer
Dona Madalena

MACEIÓ 109
Divina Gula
Bodega do Sertão
Massarela
Picuí
Massaguera

PERNAMBUCO

PORTO DE GALINHAS E ARREDORES 126
Barcaxeira
Cabidela da Natália
Café da Moeda
La Crêperie
La Tratoria
Laricão
Mangi Qua
Munganga Bistrô

PRAIA DOS CARNEIROS 128
Arikindá
Bar do Mangue
Beijupirá
Bora Bora
Mustako

RECIFE 138
Bistrô & Boteco
Nez Bistrô
No Quintal Café Bistrô
Entre Amigos

OLINDA 139
Beijupirá
Oficina do Sabor

FERNANDO DE NORONHA 145
Empório São Miguel
Teju-Açu
Mergulhão
Corveta
Varanda
Restaurante Du Mar

PARAÍBA

LITORAL SUL 155
Tropicália Restaurante
Canyon do Coqueirinho

JOÃO PESSOA 161
Peixada do Kiko
Estaleiro Restaurante
Restaurante Peixada do Amor
Mangai
Nau Frutos do Mar

RIO GRANDE DO NORTE

AO SUL DE NATAL 171
Cavalo de Fogo
Pan e Vino
Caxangá
Ombak

NATAL 176
Camarões
Mangai
Old Five
Nau Frutos do Mar
A Cozinharia
Dolce Vita
Paçoca de Pilão
Flor de Sálvia
Cuore di Panna

AO NORTE DE NATAL 183
Quintal Pizzaria
Genesis
Madame Chita
Tartuga

CEARÁ

JERI E PRAIA DO PREÁ 193
Na Casa Dela
Tamarindo
Restaurante Vila Kalango
Gelato Grano

GUAJIRÚ, FLECHEIRAS, CUMBUCO E REGIÃO 198
Nono Restaurante e Pizzaria
Marítimo
Basilico Beach
Mandarina Hamburgueria
Guajiru Kite Center
Vivamar Hotel

FORTALEZA 207
Coco Bambu Meireles
Coriolano
Cabaña Del Primo
Santa Grelha Meireles

CANOA QUEBRADA E FORTIM 213
Cabana
L'Atelier do Brasil
Costa Brava

ÍNDICE REMISSIVO DE *Restaurantes*

PIAUÍ

BARRA GRANDE 223
Manga Rosa
Mamma Mia
Bistrô Kite Bliss
La Cozinha
Orlas Bolas

DELTA DO PARNAÍBA 224
Casa do Caboclo

MARANHÃO

BARREIRINHA 235
Bambaê
A Canoa
Deck Bistrô – Café e Restaurante

SÃO LUÍS 241
Coco Bambu
Restaurante SENAC
Cabana do Sol

SABE AQUELA DICA DE QUEM ACABOU DE VOLTAR DE LÁ?
TÁ AQUI.

DESTINOS NACIONAIS E INTERNACIONAIS.
DICAS INCRÍVEIS E ROTEIROS
COMPLETOS PARA TODOS OS GOSTOS
E ESTILOS. OS GUIAS DA PULP SÃO
OS SEUS MELHORES COMPANHEIROS
PARA VIAGENS INESQUECÍVEIS.

pulp

www.pulpedicoes.com.br

TAMBÉM DISPONÍVEIS NAS VERSÕES DIGITAIS.

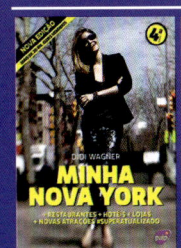

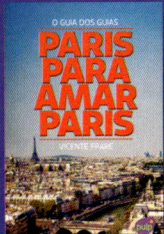

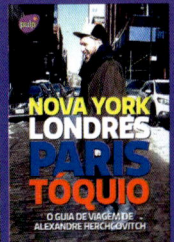

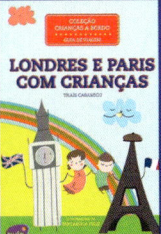

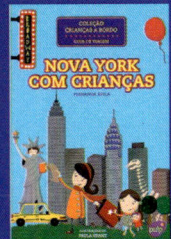

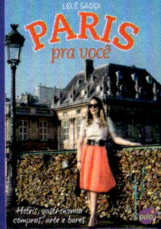

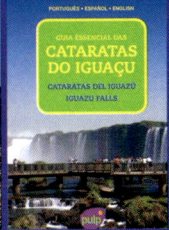

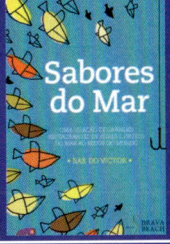

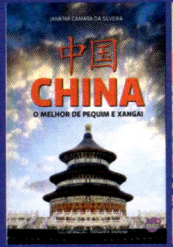

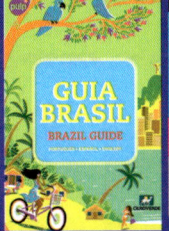

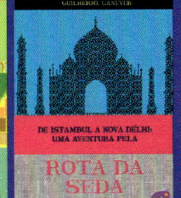

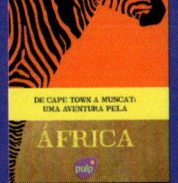

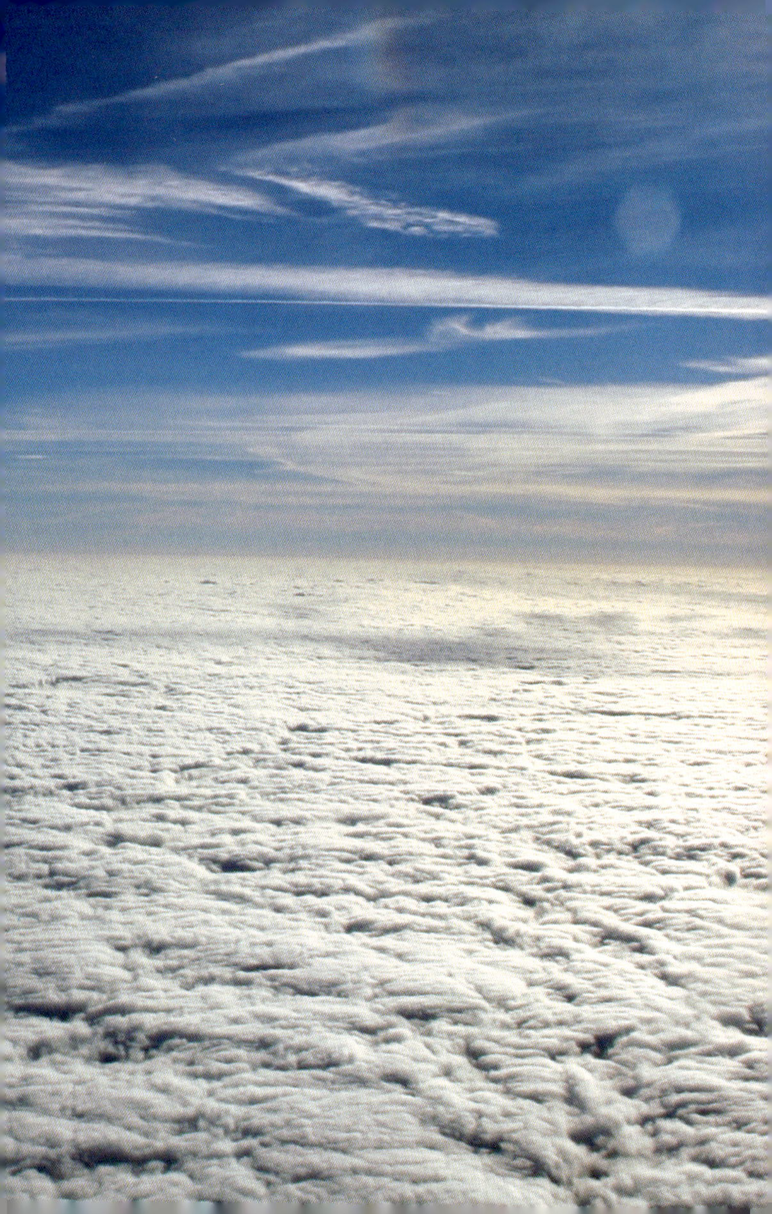